OEDIPE ROI DE PASOLINI
Poétique de la mimèsis

Florence Bernard de Courville

OEDIPE ROI DE PASOLINI

Poétique de la mimèsis

Préface d'Hervé Joubert-Laurencin

L'Harmattan

OUVRAGES DU MEME AUTEUR

Nietzsche et l'expérience cinématographique, le savoir désavoué, coll. « Ouverture philosophique », 2005.
Le Double cinématographique, coll. « Champs visuels », 2011

© L'Harmattan, 2012
5-7, rue de l'École-Polytechnique ; 75005 Paris
http://www.librairieharmattan.com
diffusion.harmattan@wanadoo.fr
harmattan1@wanadoo.fr
ISBN : 978-2-296-99132-3
EAN : 9782296991323

PREFACE

1. Je me souviens avoir été heureux de lire, dans l'introduction au premier volume des œuvres complètes de Pasolini, cette notation de Walter Siti : « Dans la vulgate des bavardages et des colloques, Pasolini est présenté comme un partisan du " cinéma de poésie ", mais dans ses textes Pasolini juge négativement le " cinéma de poésie " » (à savoir le cinéma conçu dans la langue de la poésie), parce qu'il y voit une " école internationale " snob et élitiste. Le cinéma qui l'intéresse est au contraire conçu avec la simplicité syntaxique de la prose, mais une prose capable de témoigner que « *la poésie existe dans la Réalité.* » J'y trouvai confirmation de ce que j'avais souvent été obligé d'expliquer à différents auditoires : les films de l'auteur de la célèbre conférence de Pesaro qui porte ce titre vendeur ne sauraient être, ou en tout cas vouloir être, du « cinéma de poésie », plutôt du « cinéma poétique » (cette « prose » donc, capable de ramener à elle la poésie du monde).
Certes, Walter Siti exagère afin de bien se faire entendre.
S'il est indéniable que Pasolini a préféré se donner pour maîtres Chaplin, Dreyer, Mizoguchi ou l'Ichikawa de *La Harpe de Birmanie*, plutôt que ses contemporains modernistes Antonioni, Godard ou les Straub et Huillet d'*Othon*, il n'en est pas moins vrai qu'il aima sincèrement et tenta de rencontrer par d'autres chemins le nouveau savoir de ses contradicteurs, dont il sut reconnaître en direct la vérité artistique, fût-ce dans la polémique.

Ainsi, quoiqu'en accord avec l'hyperbole de Walter Siti, j'avais toujours ménagé, dans ma propre réponse négative à la question : « le cinéma de Pasolini est-il un " cinéma de poésie " ? », la réserve de l'exception à la règle générale pour *L'Evangile selon Saint Matthieu*, en souvenir d'une conférence entendue un jour à Lyon dans les années 1980. Prudente, modeste et inspirée, comme toujours difficile à contredire (plus difficile que les deux pages à la fois contournées et simplistes sur le même sujet d'un livret pédagogique de Stéphane Bouquet), elle avait été prononcée par l'un des plus grands écrivains de cinéma de notre histoire : Barthélemy Amengual. Amengual, dans mon souvenir, avait su brancher les promesses formalistes hésitantes du jeune cinéaste Pasolini à sa fable de l'incroyant bourgeois et marxisant (lui) qui raconte l'histoire du Christ à travers les yeux de Matthieu l'évangéliste issu du peuple (son narrateur), afin de prouver que le poète cinéaste s'était essayé là, lui-même, au « cinéma de poésie », ce style impropre qui tend à construire, dans les films, une sorte de nouveau discours indirect libre.

Le lecteur du présent livre découvrira que, quelques années plus tard, Pasolini tente à nouveau le diable avec son *Œdipe roi*.

Florence Bernard de Courville prend au sérieux la théorie critique de Pasolini, éclaire la pensée de son film, et son argumentation convainc. On ne peut plus, après l'avoir lue, réfuter cette affirmation nouvelle : *Œdipe roi* est une seconde expérimentation du « cinéma de poésie ». Plus encore : *mimèsis*, contamination, malédiction, impureté (qui sont les mots de la *subjective indirecte libre*, la forme du *cinéma de poésie*) font système. Peut-être nous faudra-t-il revoir la filmographie de Pasolini à ses nouveaux frais ? Tant il est vrai qu'il est toujours utile de surprendre Pasolini lorsqu'il se frotte à son contraire.

2. Ce travail sera « traversé par l'impureté » annonce du reste l'auteur du présent livre. De fait, même vis-à-vis de Pasolini, la lecture y est impure – mais heureusement impure, « purement impure » pour reprendre une formule d'André Bazin. Une partie

de la théorie critique de l'auteur du bien nommé *Empirisme hérétique*, notamment celle qui concerne la théorie du signe cinématographique, peut en effet être considérée comme non écrite, non finie. Elle reste cependant virtuellement puissante, offerte à qui veut s'en emparer (il existe déjà de grands exemples : Gilles Deleuze, Giorgio Passerone). Elle est comme hallucinée par des mots suggestifs, des exemples frappants, des paradoxes révélateurs de nouveaux champs, des tournures de pensée jusqu'alors inimaginables. Il faut travailler sans trop d'inhibition académique pour la faire parler, pour percevoir cette hallucination comme vraie. Le présent ouvrage œuvre en ce sens, et propose un résultat théorique qui n'est ni une explication pédagogique ni le résumé des thèses d'un maître, mais la parole libre d'un disciple qui a appris de son « maître sans commandement » à se soumettre à sa propre liberté d'inventer.

« C'est dans la plus grande impropriété du discours que, dans *Œdipe roi*, le plus " propre " et le plus " spécifique " affleure. Ce film se tient au plus près de la puissance donatrice et expropriatrice du sens et du propre », dit à son tour la conclusion de Florence Bernard de Courville. Cette remarque vaut pour toute l'œuvre de Pasolini.

J'y reconnais les principes de cette figure de style peu commentée, la *synoïkeiosis*, dont Franco Fortini disait que, mieux encore que son quasi-synonyme l'oxymore, elle définissait à elle seule le poète Pasolini. Alliance particulière de contraires, que l'on peut transcrire en français moderne – puisque le mot grec ne connaît de traduction ni en latin ni en français – par le « faire cohabiter », la *synoïkeiosis* consiste à rendre familières les choses étrangères, à « prendre ensemble ce qui rend propre ». On peut donc en déduire, et cela vaut pour Pasolini comme pour la plupart de ses personnages, dont Œdipe sans doute, que se joue dans cette *trope*, dans cette torsion du mot sur lui-même, et dans l'action pasolinienne, une *appropriation du figuré à travers une défiguration de l'approprié*.

3. Toute cette démarche ravageuse qui s'en prend aux racines du langage, c'est-à-dire de la pensée, est d'une inquiétante

cohérence chez Pasolini. Cet ordonnancement du désordre est lourd à porter. Il fallait un tempérament théorique au fond dénué d'académisme pour l'affronter. On peut louer le livre de Florence Bernard de Courville de s'être laissé posséder par cette liberté.

Hervé Joubert-Laurencin

SOMMAIRE

AVANT-PROPOS, 15

INTRODUCTION, 17

PARTIE I : **LE MIMETISME**, 27

1 – Entre Deux et Trois : le double et la schize, 27
La structure de l'œuvre, 27
Le chiffre 2 : double et répétition, 30
Le Chiffre 3, 32

2 – L'adaptation d'Œdipe roi de Sophocle, 34

3 – L'autobiographie, 42
L'autoportrait, 42
Une vision subjective, 47
La caméra subjective, 48 ; *La subjective indirecte libre*, 50

PARTIE II : **L'INTENTION EMBLEMATIQUE**, 59

1 – Une écriture du signe, 59
Les signes culturels, 60
Manifestant, manifesté, symbole, 62
Des choses sensibles, 62 ; *Une langue écrite*, 64 ; *La réalité par la réalité*, 66 ; *Un système de signes*, 69
La dualité du signifiant et du signifié, 70
La schize du « cinéma de poésie », 70

2 – Plaie, blessure du corps, montage, rupture, 75
Plaie du corps, 76
Le corps du film : un corps béant, fragmenté, 79
Faux-raccords, 79 ; *Les champs/contrechamps*, 81 ; *Des séquences courtes*, 82 ; *Ellipses du récit*, 83 ; *Mouvement, mobilité*, 85 ; *La post-synchronisation*, 88

3 – La post-synchronisation : un ailleurs physique, 90

4 – Schize d'Œdipe, 96
Œdipe comme signe, 96
Mélancolie d'Œdipe, 97
Œdipe comme figure absente, 98
Œdipe : une figure double, 101

5 – Schize temporelle, 103
Le meurtre de Laïos, 104
Les prophéties, 106
Le cycle du temps, 107

PARTIE III : **REVE ET FAUX-SEMBLANTS, 109**

1 – Onirisme et fantasme, 109
Rêve, hallucination, 110
Une topographie indécise, 110 ; *Personnages flottants*, 114 ; *Temps perdu onirique*, 115 ; *Le cri*, 116 ; *Mirage*, 117 ; *Corps déliés des voix*, 118 ; *Une tragédie iconographique*, 119.
Le fantasme, 121
Entre rêve et réalité, 121 ; *Jocaste : un personnage fantasmatique*, 126.
2– Une esthétisation généralisée, 127
Une structure carnavalesque, 128
La mort du Père, 128 ; *L'apocryphe pasolinienne*, 129 ; *Magma stylistique/ Impureté*, 131 ; *Le multiple*, 137.
Le corpus pasolinien, 137
Répétition visuelle des corps, 138
Postiches et masques, 139
Simulacre, 141
Jouer faux, 142 ; *L'espace comme simulacre*, 144.

La fantasmagorie, 145
Les corps fantasmagoriques, 145
Corps auréolés de rêve, 146
Des « cadavres oniriques », 146
L'image fantasmagorique, 149

PARTIE IV : LE MYTHE ET LA BARBARIE, 151

1 – Le sexe et le sacré, 151
L'inceste, 152
L'union avec la mère, 153
Ventre maternel, 153
Le Complexe d'Œdipe, 154
Le pré, 157
La répétition absolue : la pédérastie, 158
La peste, 159

2 – Le sacré, 161

Le sacré comme forme esthétique, 161
La désacralisation, 163
Un Œdipe muet, 163 ; *Le détournement catégorique,* 164 ; *L'errance mélancolique,* 165 ; *Le gestus d'Œdipe,* 166 ; *Entre déterminisme et liberté,* 167.

PARTIE V : PROBLEMATIQUE DU VOIR, 169

1 – Savoir et ignorance/Clarté et obscurité, 169

2 - L'invisible, 173

3 - L'inregardable, 174

PARTIE VI : UNE MIMESIS HISTORIQUE, 177

1 – Le surgissement de l'immémorial, 177

2- Le Tiers-Monde et le Mythe, 178

3 - L'identification autobiographique au mythe, 180

4 - Le sacré, vision dialectique de l'Histoire, 180

5 - Appel à la clairvoyance, 182

CONCLUSION, 185

Fiche technique, 189

Découpage d'*Œdipe roi*, 191

Bibliographie essentielle, 195

Index des noms cités, 203

AVANT-PROPOS

Le commentaire qui suit est un objet singulier et original : si la pratique et la théorie de cette personnalité prolixe, tour à tour poète, dramaturge, romancier, penseur et cinéaste qu'est Pier Paolo Pasolini, ont fait l'objet de nombreuses publications, si elles ont été étudiées, disséquées, aucun ouvrage n'avait encore été entièrement consacré à l'un de ses films.
Entre monographies sur le parcours de l'auteur, analyses de son programme d'artiste, traductions et biographies, l'exégèse pasolinienne s'était jusque là chargée de montrer l'unité poétique d'une œuvre extrêmement diversifiée, d'en saisir la cohérence en intégrant chacun de ses fragments dans une perspective d'ensemble[1].
Le présent essai propose un nouvel éclairage sur la poétique pasolinienne.
Centré sur une des réalisations les plus énigmatiques du cinéaste italien : *Œdipe roi* [titré originalement *Edipo re*], daté de 1967, sur lequel certains spécialistes, dans de brèves et fulgurantes analyses, s'étaient déjà spécifiquement penchés[2], il l'illumine d'un jour nouveau. Ne souhaitant pas constituer la

---

[1] Nous voudrions citer par notamment deux beaux ouvrages consacrés à Pasolini : *Pasolini, portrait du poète en cinéaste* de Hervé Joubert-Laurencin, Paris, Editions Cahier du cinéma/Gallimard, 1995, et *Pier Paolo Pasolini* de Marc Gervais, Paris, Seghers, 1973, coll. « Cinéma d'aujourd'hui », qui s'intéresse à sa filmographie. Pour une bibliographie exhaustive, nous renvoyons à la fin de notre étude.

[2] Nous renvoyons à la fin de notre étude qui répertorie les articles consacrés à *Œdipe roi*.

somme des articles dédiés à *Œdipe roi* et animé par la volonté de se soustraire à l'étude historique – situant les œuvres dans le contexte social, religieux ou artistique de l'époque, cet ouvrage est le fruit d'une double réflexion : peut-on considérer, à l'instar de Pasolini, qu'un film est en lui-même une théorie du cinéma ? Cette pensée du cinéma ne se fonde-t-elle pas en propre sur ce qui ne relève pas du cinéma ?

Ce cheminement paradoxal inaugure une lecture proprement esthétique d'*Œdipe roi*. S'appuyant sur des concepts philosophiques, l'étude de l'œuvre élabore une philosophie du cinéma. Il ne s'agit cependant pas ici de dégager dans l'œuvre des notions de philosophie, mais d'introduire un trouble né de la confrontation de l'objet filmique à un système de signes et de théories qui ne lui appartiennent pas et en laquelle se décèle sa force vive. L'exploration à laquelle se livre cet ouvrage, rencontrant d'autres pratiques, d'autres pensées, est traversée par l'*impureté*. C'est au cœur de cette altérité qu'il rejoint Pasolini et les théories qu'il a fait naître.

Cet essai tend à la précision et à l'exhaustivité, mais constitue aussi un objet d'écriture. En une sorte d'ivresse, scrutant chaque détail, sondant le mystère de l'œuvre, il s'attarde sur les plans comme on s'attarde sur un tableau, avec langueur, pour laisser transparaître la particularité du regard que Pasolini porte sur le monde, à la fois simple et complexe, prosaïque et sublime, modelé par la réalité et la matière, ouvert sur l'abstraction, mêlant la substance de corps sensuels et l'âpreté des paysages. Ce je(u) d'écriture – en tension – se veut la traduction, en mots, de ce qui, pour nous, résume probablement le mieux le projet pasolinien : la description par Marc Gervais d'une œuvre « déchiré[e], contradictoire, marqué[e] par une sorte d'hystérie apocalyptique mais qui, par les moyens de l'art, cherche sans cesse le lieu et l'instant de la réconciliation ».

INTRODUCTION

« C'est avec une joie cruelle que les films imparfaits, rugueux, et parfois maladroits de Pasolini [...] s'acharnent sur le corps embaumé du cinéma. »

Jean-Claude BIETTE[1]

Au moment où Pier Paolo Pasolini tourne *Œdipe roi* [*Edipo re* : 1967], il a déjà, même s'il est venu relativement tard à la mise en scène, réalisé neuf films (dont *Accattone*, sa première réalisation en 1961, et *L'Evangile selon Saint Matthieu* en 1964), il est un écrivain reconnu (Alberto Moravia le tint, dès la fin des années 50, pour le plus grand poète de sa génération)[2], et il s'impose comme un théoricien reconnu pour ses réflexions à la fois linguistiques, stylistiques et cinématographiques.
Témoignant d'un foisonnement spéculatif intense, la rédaction de plusieurs textes communiqués et publiés entre 1965 et 1967 traduit la pensée d'un cinéaste, qui fut l'un des premiers dans le monde et probablement le premier en Italie à proposer une sémiologie du cinéma. Pendant cette période, il écrit « Le cinéma de poésie »[3], « Le scénario comme structure tendant à

---

[1] BIETTE Jean-Claude, *Poétique des auteurs*, Paris, Editions de l'Etoile, 1988, p.87.
[2] Nous renvoyons à la filmographie et à la bibliographie de Pier Paolo Pasolini établie en fin d'ouvrage.
[3] « Le cinéma de poésie » est le premier texte « sémiologique » sur le cinéma.

être une autre structure », « La langue écrite de la réalité », « Observations sur le plan-séquence »[1]. 1967 est l'année de « Etre est-il naturel ? ». Ces essais rassemblés dans *L'Expérience hérétique*, ouvrage dont on trouve les prémisses dans les textes des *Ecrits sur le cinéma*[2] ou de *Poésies en forme en rose*[3] qui glisse de la stylistique littéraire à l'esthétique du cinéma, développent plusieurs pôles de réflexion.

Tout d'abord, les analyses sémiologiques de Pasolini déterminent le cinéma comme la langue écrite de l'action ou tendent à définir la fonction du montage cinématographique considéré comme le sens accompli, « mortel » et donc irréversible de ce long plan-séquence qu'est la vie. Les actions sont des moments linguistiques que seul le montage permet de traduire. Ces préceptes émergent de l'idée selon laquelle le cinéma est « la langue écrite de la réalité », la réalité devenue discours. Ce double schème est orientée selon deux points : le cinéma se sert de la réalité ; la réalité est du cinéma en nature. Selon Pasolini, la réalité est reproduite par le cinéma à travers sa langue propre, le cinéma représente la réalité à travers la réalité : « Concrètement, à travers les objets de la réalité qu'une caméra reproduit, moment après moment. »[4] Le cinéma, parce qu'il reproduit la réalité, finit par renvoyer à l'étude de la réalité. Considérant les objets réels reproduits sur l'écran comme les signes élémentaires du langage cinématographique, le théoricien identifie le cinéma et la réalité. Telle est la thèse qui se déploie dans « Etre est-il naturel ? » : une action qui se produit au cinéma a comme signifié la même action qui se

---

[1] Ces textes constituent la première série du chapitre « Cinéma » de *L'Expérience hérétique*. Cf. PASOLINI Pier Paolo, *L'Expérience hérétique*, trad. de l'italien par Anna Rocchi Pulberg, Paris, Payot, 1976.
[2] PASOLINI Pier Paolo, *Ecrits sur le cinéma*, textes rassemblés, traduits et préfacés par Hervé Joubert-Laurencin, Presses Universitaires de Lyon/Institut Lumière, 1987. Les *Ecrits sur le cinéma* reprennent entre autres des articles de *Reporter*, de *Vie nuove*...
[3] PASOLINI Pier Paolo, *Poésies en forme de rose*. Dans cet ouvrage paru en 1964, l'auteur a rassemblé ses articles de « théorie » du cinéma, parmi ses textes sur la langue et la littérature étrangère.
[4] PASOLINI Pier Paolo, « Sur le cinéma », *L'Expérience hérétique*, op.cit., p.199.

produit dans la vie, a comme signifié l'action réelle analogue, qui ne prend son sens que de façon indirecte.

Pasolini, dégageant de la confrontation de théories hétérogènes l'idée d'une contamination possible entre philologie et cinéma, met au jour dès 1965 – deux ans seulement avant la sortie d'*Œdipe roi* – les notions de « subjective indirecte libre » et de « cinéma de poésie ». Sous le terme de « cinéma de poésie », Pasolini caractérise des films dans lesquels le cinéaste s'identifie au personnage, c'est-à-dire traduit à l'écran, par des mouvements de caméra décentrés, le vécu ou le ressenti de son personnage. Dans « le cinéma de poésie », le cinéaste s'immerge dans l'âme de son personnage. Le « cinéma de poésie » repose sur une simulation, il met en jeu un faire comme, un mouvement de confusion entre l'instance-auteur et l'instance-personnage, une *mimèsis*.

Quel est le rapport exact de la notion de *mimèsis* à celle de « cinéma de poésie » telle qu'elle est mise au jour par Pasolini ? Pour comprendre le terme, il faut se retourner vers la *République* de Platon, et notamment vers la définition que lui assigne le philosophe grec au Livre III lorsqu'il décrit l'énonciation dramatique. L'interprétation par Platon de la *mimèsis* n'est certainement pas la seule, mais elle est assurément la première interprétation philosophique. Si Platon interroge la puissance mimétique, c'est pour irrévocablement la condamner. Il y a *mimèsis*, explique Platon, lorsque le poète parle comme s'il était lui-même un autre, lorsqu'il « *assortit* [nous soulignons] autant qu'il le peut la forme de son langage à celui dont il nous a prévenu qu'il allait prendre la parole. » A ce moment, le poète est celui « qui *s'assortit* lui même à un autre, soit pour l'intonation de la voix, soit pour l'apparence extérieure »[1]. Platon poursuit : « nous disons qu'il " imite " cet autre auquel il s'est assorti. »[2] L'imitation mimétique se distingue de l'imitation entendue au sens de l'action de reproduire ou de chercher à reproduire en prenant quelque chose pour modèle. Elle désigne un mélange, un dédoublement,

---

[1] PLATON, *République*, trad. du grec ancien Robert Baccou, Paris, GF Flammarion, 1966, III, b-c.
[2] *Ibid.*

un redoublement. Cet antagonisme définit le mot *mimèsis* dans un sens beaucoup plus fondamental que celui d'imitation, auquel il est associé depuis sa traduction latine.

La *mimèsis* est présentée par Platon comme un amalgame, l'assimilation de celui qui imite et de celui qui est imité, de l'un et de l'autre, de l'un dans l'autre. On comprend dès lors que le processus du « cinéma de poésie » puisse être associé à une *mimèsis*. Lorsque le cinéaste transpose dans des mouvements de caméra les sentiments du personnage, il *s'assortit* à lui, selon le procédé dépeint par Platon comme apocryphe. Gilles Deleuze, dans le sixième chapitre de *L'Image-Temps*, « Les puissances du faux », a saisi le rapport qui unit la *mimèsis* au « cinéma de poésie ». Décrivant le mode pasolinien où se mêlent la vision du cinéaste et celle du personnage, il explique : « Dans le cinéma de poésie, la distinction s'évanouissait entre ce que voyait subjectivement le personnage et ce que voyait objectivement la caméra, non pas au profit de l'un ou de l'autre, mais parce que la caméra prenait une présence subjective, acquérait une vision intérieure, qui entrait dans un rapport de *simulation* (" mimèsis ") avec la manière de voir du personnage. C'est là […] que Pasolini découvrait le dépassement des deux éléments du récit traditionnel, le récit indirect objectif du point de vue de la caméra, le récit direct subjectif du point de vue du personnage, pour atteindre à la forme très spéciale d'un " discours indirect libre ", d'une " subjective indirecte libre " .»[1]

Œdipe roi est fondamental dans l'œuvre de Pasolini en ce qu'il porte la théorie pasolinienne du « cinéma de poésie ». Film parmi les plus complexes, il est sans aucun doute son œuvre filmique la plus personnelle. Il absolutise en effet l'expérimentation du nouveau langage développé par Pasolini. Dans *Œdipe roi*, le processus mimétique, tel qu'il a été théorisé dans « Le cinéma de poésie », fonde l'œuvre. Ce film repose sur l'assimilation et la confusion, de l'instance-auteur et de l'instance personnage propre au « cinéma de poésie ». En effet, le cinéaste vit les événements à la première personne. Si

---

[1] DELEUZE Gilles, « Les puissances du faux », *L'Image-Temps*, Paris, Editions de Minuit, 1985, p.194.

L'Evangile selon Saint Matthieu s'était fait l'écho de ce procédé par des mouvements de caméra tendant à « *assortir* » l'instance créatrice à la figure du Christ, *Œdipe roi* avance d'un pas sur l'élaboration d'une *mimèsis* cinématographique. Cette œuvre se constitue d'emblée autour du processus mimétique en s'appuyant sur l'identification autobiographique du cinéaste Pasolini à la figure d'Œdipe. L'Œdipe pasolinien mêle le portrait d'auteur et le récit du mythe. Le cinéaste assigne à Œdipe des éléments de sa propre vie ; relatant le mythe, il raconte son complexe d'Œdipe. Entre Pasolini cinéaste et le personnage Œdipe s'effectue un jeu de va-et-vient, un échange de figures au cours duquel le spectateur assiste à la fois à une narration légendaire et à un autoportrait. Le réalisateur s'identifie à l'instance diégétique de même qu'il l'assortit à lui. Loin de s'exclure de l'énonciation, il s'y implique. Dans *Œdipe roi*, s'expose l'amalgame de l'auteur à son personnage évoquée par Pasolini dans « Le cinéma de poésie », la mise en forme de la *mimèsis* propre au « cinéma de poésie », celle par laquelle Platon désignait une impureté, un dédoublement, une identification, une schizophrénie entre ce qui est reproduit et ce qui reproduit, un *faire comme*, dépendant de la faculté de se rendre *semblable* ou identique à ce qui est autre que soi, par l'apparence.

Or, si la *mimèsis*, définie comme un *faire comme*, fonde *Œdipe roi* à travers l'identification promulguée par Pasolini entre la figure centrale de son film, Œdipe, et le cinéaste qu'il est lui-même, elle contamine le film dans son ensemble, l'investit intégralement. Mais avant d'envisager les prémisses d'une manie, d'une folie induite par la confrontation à l'œuvre de deux sujets, les éléments structurels d'*Œdipe roi* et la *mimèsis*, mis face à face dans une réciproque mise en abyme, il convient de revenir sur ce terme issu directement de l'épistémologie propre à la science de l'art.

C'est au Livre X de la *République* que Platon, après avoir examiné la *mimèsis* de manière restreinte en définissant l'énonciation dramatique, en vient à fournir une description générale de la puissance mimétique. Prenant pour exemple la peinture, et à travers elle la notion d'image, Platon caractérise la *mimèsis* comme un double, entretenant un rapport d'étrangeté avec ce qu'il duplique. Expliquant que la peinture reproduit le monde jusqu'à se confondre avec lui, Platon montre que la *mimèsis* s'articule autour d'une logique de la semblance, de la présence et de l'absence, du même et de l'autre, de l'identité et de la différence. La peinture n'*est* pas le monde qu'elle reproduit, elle lui ressemble. En désignant sous le terme de *mimèsis*, une simulation, une imitation, Platon la dissocie de l'identité. La *mimèsis* s'appuie sur la logique du paradoxe : plus c'est ressemblant, plus c'est différent. La présence y est toujours en représentation, toujours vouée au simulacre. La *mimèsis* réélabore l'ontologique, le soumet à une paraphrase métaphysique monstrueuse eu égard à l'injonction platonicienne qui interdit toute reproduction qui n'honorerait pas son modèle.

Alors que pour Platon, toute reproduction – tout double – repose sur la distinction du modèle et de la copie, alors qu'elle doit s'opérer comme unité absolue de l'origine et de la copie, alors qu'elle se doit d'être la relation immédiate et non contradictoire d'un double à l'original qui fait du premier l'image, la copie du second, et vient confirmer la perfection de l'original, la *mimèsis* contamine, envahit l'original, le rendant d'emblée pluriel, second, dérivé, excédant le rapport mimétique compris comme copie, soumission et obéissance au modèle. L'honneur du modèle est souillé, l'horizon de l'imitation, organisé par l'opposition de l'image s'effondre pour ouvrir à l'inachèvement, à l'imperfection, à la dés-illusion. La *mimèsis*, double grotesque, imitation dérisoire, ressemblance trompeuse, dénonce dans le modèle la copie, de telle sorte qu'il n'y a plus ni premier ni second, ni fondement ni fondé, mais une figure acéphale, monstrueuse.

Œdipe roi s'inscrit dans une recherche continue sur la question de la *mimèsis*. Il est la formulation cinématographique de cette vieille question philosophique[1], à laquelle il s'adresse comme à

---

[1] Selon Gilles Deleuze : « En parlant, les théoriciens de cinéma deviennent autre chose, ils deviennent philosophes ou théoriciens. [...] Si bien qu'il y a toujours une heure, midi-minuit, où il ne faut plus se demander : " qu'est-ce que le cinéma ?" mais " qu'est-ce que la philosophie ?". Le cinéma est lui-même une nouvelle pratique des images et des signes, dont la philosophie doit faire la théorie comme pratique conceptuelle. Car aucune détermination

l'origine du poétique[1], à l'essence du poétique, ou plus généralement de l'art. Par là-même, il apparaît comme le geste absolu d'une œuvre qui écrit une théorie, celle d'une *mimèsis* cinématographique.

Aucun exégète pasolinien ne s'était encore approprié la poétique pasolinienne à l'aune de la notion de *mimèsis*, que ce soit dans des analyses exhaustives de sa théorie ou en se penchant sur *Œdipe roi*. Seul Gilles Deleuze, dans l'exposé qu'il consacre au « cinéma de poésie » dans le sixième chapitre de *L'Image-Temps*, « Les puissances du faux », y fait référence. Il est le seul à convoquer la *mimèsis*, mais ce renvoi est fugitif, il n'est à aucun moment explicité. Pasolini lui-même n'opère pas de lecture comparée entre l'objet filmique et la philosophie de Platon. Son propos excède ce cadre, il s'empare du sujet philosophique pour construire un objet impur, situé entre la *sophia* platonicienne et le cinéma. Il saisit un concept et le matérialise à son insu.

Dans *Œdipe roi*, se décèle, au-delà de toute comparaison terme à terme entre l'analyse platonicienne et le film, une *mania* à l'œuvre. *Œdipe roi* s'approprie les propriétés de la *mimèsis* platonicienne, la logique du paradoxe, celle du même et de l'autre, du double et de la schize, de la césure, de la ressemblance différente et de la différence ressemblante. L'œuvre se noue autour du pastiche, de la parodie, de la ressemblance, autant de puissances de répétitions qui sont des formes infiniment renouvelées et concrètes de la *mimèsis*.

Œdipe roi inaugure une nouvelle ère du cinéma pasolinien. Il s'éloigne de la réalité sociale contemporaine qu'il avait mise en valeur dans *Accattone* ou *Mamma Roma*, dépasse le projet formel de sa représentation, pour, par le biais du mythe, exacerber la présentation d'une autre réalité, trouvant son origine dans la Grèce ancienne et pré-historique.

---

technique, ni appliquée (psychanalyse, linguistique), ni réflexive, ne suffit à constituer les concepts du cinéma même », DELEUZE Gilles, « Conclusions », *L'Image-Temps*, op.cit., p.366.

[1] Dans les Livres II et III de la *République*, s'instaure ce qui ne recevra son titre qu'avec Aristote, la poétique (théorie ou science de la littérature moderne).

Œdipe roi est le premier film d'une trilogie ainsi nommée par son auteur « trilogie antique ». Celle-ci rassemble l'adaptation du mythe d'Œdipe, *Médée* [*Medea* ;1970] adapté de la tragédie d'Euripide, qui met en scène le conflit entre « les forces du passé » et le monde moderne avec Maria Callas dans un rôle-titre étonnamment presque muet, et *Carnets de notes pour une Orestie africaine* [*Appunti per un Orestiade africana* ; 1976, ré : 1969]. Film esquisse d'un film d'après Eschyle qui avorta en cours de route, *Carnets de notes pour une Orestie africaine* reste un magnifique témoignage sur ce qu'est le cinéma, une réflexion ardue et inédite sur la place que le cinéaste se donne dans l'acte de production.

Le point de jonction de ces trois films est ainsi une commune inspiration de mythes universels, de figures désormais inscrites dans l'inconscient collectif. Ces trois œuvres partagent aussi ce « mélange de réalisme et de mythologie imaginaire, de sculpture moderne et de fausse préhistoire » dont parle Dominique Noguez, qui dépeindra par un mot « toute cette féerie sous-prolétarienne, ce bric-à-brac de tiers monde, cet exotisme hétéroclite et superlatif, ce style d'Eisenstein marocain ou de Fellini de banlieue ouvrière. Ce mot n'existait pas avant Pasolini. Il existe désormais : *pasolinien.* ». L'impureté décrite par Dominique Noguez est mimétique. Elle poursuit le travail sur les corps établi depuis *Accattone*, pose la question de la représentation et de ses limites, de l'irreprésentable qui sera éprouvé dans *Salo ou les 120 journées de Sodome*. Pasolini y assigne une tâche qui n'est plus celle de retrouver l'harmonie, mais de mettre en crise.

Œdipe roi appelle ces quelques mots de Jacques Rancière issu de *L'Inconscient esthétique* : « L'écriture muette, c'est la parole qui portent les choses muettes elles-mêmes. C'est la puissance de signification qui est inscrite sur leur corps même. Tout est trace, vestige, fossile. Toute forme sensible est parlante. »[1] Pour Pasolini, le cinéma est un moyen privilégié de questionner les corps, les visages, il y éprouve une création originale vidée du symbolique de l'écrit, ne déclinant qu'une seule préoccupation :

---

[1] RANCIERE Jacques, « Les deux formes de la parole muette », *L'Inconscient esthétique*, Paris, Galilée, 2001, p.35.

où et à quel moment le corps commence à s'exprimer pour lui-même ? L'écriture diaphane, transparente d'*Œdipe roi* tourne autour d'une réappropriation des corps, projet hautement singulier qui investit le territoire iconographique autour du lien des corps, du monde et du cinéma. L'âpreté de l'image, la rugosité des matières, la tension des corps, rayonnent d'une sombre énergie, renvoient le film à la puissance expressive de l'enregistrement brut, et l'inscrivent dans un *voir* la présence physique, dans une beauté sans esthétisme, nullement photogénique.

Cette symbiose esthétique, à travers laquelle Pier Paolo Pasolini dit le cinéma comme re-production du monde, implique *Œdipe roi* dans une relation théorique en acte où le cinéma se donne comme double d'un modèle. Les visages, les corps, animés ou non, sont transpercés par un fantasme horrifique, le fantasme de la répétition. La répétition à l'œuvre n'est pas unitaire, concordante, harmonieuse, elle est paradoxale, dissonante.

Pasolini s'inspire du mythe d'Œdipe en y mêlant des éléments de l'*Œdipe roi* de Sophocle et implique l'œuvre dans le processus de la citation. Adaptant le mythe en y intégrant des dialogues de la pièce de Sophocle, le film se fait l'écho de récits anciens, échangeant la résonance et la réflexion comme figures théoriques de la répétition.

Loin d'imposer un effet cristal donnant à voir l'original, il épuise le récit fondateur et abîme la tragédie grecque. La notion de double se retrouve dans la structure formelle de l'œuvre qui fonctionne comme en miroir, tant au niveau de la structure d'un récit binaire qu'au niveau de la mise en scène. Dans la mise en scène, le cinéaste introduit la forme de l'identification, qu'elle soit celle, autobiographique, du cinéaste Pasolini à la figure d'Œdipe, ou qu'elle concerne les corps d'acteurs qui, tels des fantômes traversant les images, reviennent dans la peau de plusieurs personnages, doublent et se dédoublent, sont à la fois le même et l'autre, le retour du même dans l'autre. Jouant, sans arrêt possible, sur la transformation perpétuelle des différentes instances du film – dont Pasolini dressant son autobiographie à travers le personnage qu'il met en scène, puis devenant à son tour un des rôles emblématiques du film, comme s'il parodiait le je(u) d'acteur, est la figure ultime, épuisée – le cinéaste disperse les comédiens dans des incarnations successives et fait naître du trouble de la multiplication des corps. Œdipe lui-même apparaît ici comme double et brisé.

Loin de réfléchir le même selon une structure régulière, Pasolini produit un double grotesque, discordant, métamorphosé, celui-là même que dépeint Platon sous le terme de *mimèsis*.

La multiplicité des figures de la répétition qui apparaissent dans *Œdipe roi* sous la récurrence des motifs de la duplicité, de l'identification, de la ressemblance, de l'amalgame, du pastiche, nie la pureté du discours cinématographique et lui substitue le paradoxe. Dans *Œdipe roi*, la réalité de la *mimèsis* se fonde sur la reproduction d'une image déjà faite, sur une reproduction sans fin, qui ne cesse de faire image. Elle instaure un mode critique, une tension née du dédoublement et de la schizophrénie. La structure de l'œuvre est à la fois imprégnée par des analogons et des scissions. L'image cinématographique implique des êtres-image, pure ressemblance, donc pure différence, pouvant ressembler à tout et à n'importe quoi, être tout et rien. L'impact de la mise en scène, au moyen du mythe, c'est-à-dire de la création d'une origine en forme d'histoire, une histoire qui fait sens, met sous pression toute tentative d'unicité qui s'exercerait sur le film visible.

Comment un cinéaste peut-il laisser surgir ces points de rupture ? Comment émerge cet acte de non réconciliation du cinéma avec lui-même ?

PARTIE I : LE MIMETISME

ENTRE DEUX ET TROIS : LE DOUBLE ET LA SCHIZE

La structure du récit constitue le premier point d'appui permettant de percevoir, dans *Œdipe roi*, le double comme fondement même de l'œuvre.

LA STRUCTURE DE L'ŒUVRE

La structure la plus visible d'*Œdipe roi* est ternaire. Le film est, de fait, séparé en 3 parties, par deux raccords brutaux. Trois moments, trois mouvements se différencient fortement, par l'époque, les costumes, l'emploi des focales.
Le premier constitue le prologue du film, il se situe dans les années 20 en Italie. Genèse moderne du mythe d'Œdipe, il présente la proximité affectueuse d'un petit garçon et de sa mère.
La deuxième partie du film représente la tradition mythologique de l'histoire d'Œdipe qui devient à la moitié du récit l'adaptation proprement dite de la pièce de Sophocle, dont Pasolini reprend dialogues et narration. Ici les costumes ne sont plus du tout d'époque. Ce second épisode opère un double dépaysement dans le temps – l'Antiquité grecque – et dans l'espace – le Sud marocain. Cette partie centrale tenue par Pier Paolo Pasolini comme une « préhistoire »[1] est imprégnée

---

[1] PASOLINI Pier Paolo, « Rencontre avec Pier Paolo Pasolini par Jean Narboni », *Cahiers du cinéma*, n°192, juillet-août 1967.

d'onirisme. « Absolument fantaisiste, au sens fort du mot »[1], elle fut considérée, sans qu'aucun élément ne l'indique cependant formellement, par l'auteur, comme un long rêve.

La troisième partie, qui constitue l'épilogue (arbitraire selon Pasolini lui-même) du film, est strictement contemporaine de la sortie du film, plusieurs plans documentaires de la ville de Bologne sont là pour en attester. Elle présente un homme aveugle possédant les traits d'Œdipe, déambulant dans la cité italienne dans les années 60, accompagnés d'un homme ressemblant au messager de la partie mythique. Pasolini métaphorise ici la suite d'*Œdipe roi*, *Œdipe à Colone* qui met en scène l'errance d'Œdipe après la découverte tragique de l'assassinat de son père et l'inceste dont il a été l'auteur.

Le prologue et l'épilogue, modernes, presque muets, constituent une double parenthèse qui entoure le récit central, l'adaptation du mythe, en proposent le préambule et la conclusion, et composent un développement narratif linéaire.

Si la structure première du film est celle qui le découpe en trois parties, la structure du récit est complexe. Hervé Joubert-Laurencin, dans l'article qu'il consacre à *Œdipe roi*, « *Œdipe roi* : Trois-Deux-Un », dans *Pasolini, portrait du poète en cinéaste*, note que la structure d'*Œdipe roi* peut être considérée comme binaire, double[2]. Une série d'analogies entre le prologue et l'épilogue, modernes, les unit l'un et l'autre en un seul bloc, qui s'oppose à la partie antique. Un jeu de similitudes assez serré entre le prologue et l'épilogue renforce les oppositions duelles. Les décors sont symétriques : dans le prologue et dans l'épilogue, le cadre concorde, tant par la présence du pré que par celle de la maison. De plus, *Œdipe roi* repose sur l'opposition de deux styles[3], dont l'un est donné

---

[1] JOUBERT-LAURENCIN Hervé, « Œdipe roi », *Pasolini, Portrait du poète en cinéaste*, Paris, Editions Cahiers du cinéma, 1995, p.221.
[2] JOUBERT-LAURENCIN Hervé, « Œdipe roi : Trois-Deux-Un », *Pasolini, portrait du poète en cinéaste*, Paris, Editions Cahiers du cinéma/Gallimard, 1995, p.219.
[3] La structure de *Porcherie* repose précisément sur la conjonction et l'opposition de deux styles. Entre les deux épisodes, un certain nombre de points communs : tons atténués des couleurs (jaunes et verts du désert, blancs, gris ou verts du palais allemand), cadrages en gros plan des visages, sens de

par les fragments impressionnistes du prologue et de l'épilogue qui contrastent avec les couleurs fauves de la partie mythique. En ce sens, Pasolini élabore une combinaison narrative[1].
Comme le note Hervé Joubert-Laurencin, Pasolini détermine la structure de l'œuvre à partir du chiffre deux. Selon le cinéaste, *Oedipe roi* est composé de quatre parties, comprenant le prologue, l'épilogue, la partie centrale et sa division en deux : le socle mythique précédant Sophocle et l'adaptation proprement dite de la pièce de Sophocle. Ce quatre renforce les symétries duelles[2], sous-tendant une nouvelle opposition entre, d'une part, la vie d'Œdipe, autrement dit, ce qui précède et rend possible la tragédie, et d'autre part, la tragédie elle-même : *Œdipe roi*. Le chiffre 4 renforce la structure triadique de l'œuvre et sa structure binaire, à la fois double et césurée.
Le meurtre du Père, de Laïos, césure le film, le fragmente en deux parties, et renforce la portée du 4. C'est la césure tragique dont parle Friedrich Hölderlin dans sa traduction d'*Œdipe roi* de Sophocle, *Œdipe le tyran*, et dans les notes qui l'accompagnent, *Remarques sur Œdipe*[3] et qu'il définit ainsi : « Le *transport*[4] tragique est à la vérité proprement vide, et le moins lié. Par là, dans la consécution rythmique des représentations, où se présente le transport, ce qu'on nomme en

---

l'ellipse, mélange assez étrange de partitions musicales de nature différente. Marc Gervais relève la présence d'une musique arabe, d'une musique de chambre de Mozart, d'une musique médiévale, d'une musique pour harpe et d'un chant populaire des SS. Cf. GERVAIS Marc, *Pier Paolo Pasolini*, Paris, Seghers, 1973, coll. « Cinéma d'aujourd'hui » n°73, pp.94-100.
[1] Cf. PASOLINI Pier Paolo, « Eloge de la barbarie, nostalgie du sacré », *Entretiens de Jean Duflot avec Pier Paolo Pasolini*, Paris, Belfond, 1970, p.97. De nombreux films de Pasolini reprennent cette idée de la combinaison narrative : *Théorème* mais aussi *Porcherie*, le film le plus agressivement formel de Pasolini. Selon les dires de l'auteur, « l'idée formelle qui a inspiré » *Porcherie* est le « lien poétique » qui anime le film jusqu'à le constituer. Pasolini fait « alterner un épisode muet et méta-historique et un épisode parlé et historique ».
[2] JOUBERT-LAURENCIN Hervé, « *Œdipe roi* : Trois-Deux-Un », op.cit., p.222.
[3] HOLDERLIN Friedrich, *Remarques sur Œdipe*, in *Oedipe le tyran*, trad. de l'allemand par Philippe Lacoue-Labarthe, Christian Bourgois éditeur, 1998.
[4] Le mot transport désigne ici le « moment » tragique du retournement (révolte ou volte-face).

métrique la césure, la pure parole, l'interruption contre-rythmique, devient nécessaire pour aller à l'encontre, à son summum, de l'échange déchirant des représentations, en sorte qu'alors ce n'est plus l'échange des représentations, mais la représentation en elle-même qui apparaît. Par là, la consécution du calcul, le rythme est divisé et, dans ses deux moitiés, se rapporte de telle sorte à lui-même que celles-ci apparaissent à égalité de poids »[1].

LE CHIFFRE 2 : DOUBLE ET REPETITION

Œdipe roi fonctionne comme en miroir.
Tout au long du film, la mise en scène exhibe de nombreuses répétitions entre les différentes séquences, et ce, malgré la diversité des repères spatio-temporels. La position du père s'accouplant avec la mère dans le prologue est identique à celle qu'adopte Œdipe avec Jocaste pendant leur première nuit d'amour. Dans l'épisode central, dans le plan qui suit les révélations de Tirésias, le visage du personnage de Jocaste, sous les traits de l'actrice Silvana Mangano, possède les mêmes caractéristiques que le plan de la mère dans le prologue, dans la scène du pré. Dans l'épilogue, Œdipe et Angelo repassent devant la maison du prologue. Le cri de l'enfant qui conclut le prologue, « Maman » est le même que celui de l'enfant qu'abandonne le serviteur de Laïos sur le Mont Cithéron. Entre les différentes parties, circule une récurrence des couleurs bleu pâle et rose pâle, et du bleu soutenu et de l'ocre. La répétition révèle ici un paradoxe absolu : si tout est bouleversé, rien n'est changé.
Les scènes sont couplées et se répondent, elles fonctionnent dans un rapport de ressemblance avec d'autres séquences qu'elles donnent à voir instantanément.
La rencontre d'Œdipe et de la prostituée dans le labyrinthe, en fournit l'exemple. Cette scène, dans laquelle d'œil suspend le désir, impose une jouissance visuelle, pure, insoumise. Le

---

[1] - HÖLDERLIN Friedrich, *Remarques sur Œdipe*, op.cit., p.209.

regard insistant que le héros pose sur cette femme annonce la sexualité perverse et polymorphe qui va s'établir avec Jocaste. Le personnage de la prostituée anticipe celui de Jocaste. La récurrence des situations est amorcée par une réminiscence de gestes. Devant la prostituée, Œdipe se mord la main de la même manière qu'avec sa mère ; ce geste annonce à chaque fois l'entrée du destin.

Hervé Joubert-Laurencin, dans « *Œdipe roi* : Trois-Deux-Un »[1], remarque que deux personnages, couplés en chiasme, conduisent le destin : les deux serviteurs dont les rôles sont donnés à deux amis (Francesco Leonetti et Giandomenico Davoli, le père de Ninetto). Au tout début, le serviteur de Laïos est chargé de tuer le fils du roi, mais il le laisse vivre. Longtemps après, il est lui-même témoin de l'assassinat de Laïos et le seul survivant de la tuerie, qui marque l'acte de naissance du nouveau roi de Thèbes. Au début, le serviteur de Polybe est le vecteur de la naissance d'Œdipe dans un autre royaume. A l'acmé de la tragédie, il vient annoncer la mort du roi Polybe qui marquera aussi le moment de la révélation et donc la fin de la royauté d'Œdipe. Ces coïncidences en miroirs font circuler l'enfant prédestiné, le « Fils de la Fortune » – premier titre de travail d'*Œdipe roi*, tiré d'une remarque de Sophocle.

L'idée de chiasme, inaugurée par la présence des serviteurs, est renforcée par un jeu de symétrie entre le prologue et l'épilogue. Le film retourne, en fin de parcours, au pré symboliquement maternel, il se clôt sur du vert, sur de l'herbe plein cadre mais vidée des personnages intégrés dans le plan du prologue. La contre-plongée du prologue devient une plongée dans l'épilogue. Tout reprend toujours, mais reprend autrement. L'éternel retour pasolinien n'est pas un éternel retour du même, mais l'éternel retour de l'autre. Le pré est le signe lisible de la reprise d'une origine.

Avec le meurtre de Laïos, le retour du même a pris fin. Le meurtre de Laïos est le moment de la césure tragique, décrite par Friedrich Hölderlin dans *Œdipe le tyran* et dans les

---

[1] JOUBERT-LAURENCIN Hervé, « Oedipe roi: Trois-Deux-Un », *Pasolini, portrait du poète en cinéaste*, op.cit., p.225.

Remarques sur Œdipe. Pendant le meurtre, se divisent violemment l'Avant et l'Après. Les événements ont lieu, mais différemment. Tout reprend, mais autrement. Est mise en jeu la question de la différence et de la répétition, théorisée par Gilles Deleuze, dans *Différence et répétition*, à partir du commentaire de Friedrich Nietzsche[1]. Dans l'exégèse deleuzienne, la répétition rompt avec la logique identitaire, elle n'est pas seulement la redite, la réplication du même, mais la « reprise » et le retour à la source, la redemande (*repetitio*) qui implique la métamorphose, elle est le retour du même, non de l'identique : ce qui fait retour diffère en recommençant, ne revient que déplacé. Selon Gilles Deleuze, la « répétition » ne fait qu'un avec l'affirmation de la « différence » ; la différence se produit par la répétition, le répétitif engendre le différentiel. La répétition coexiste avec la métamorphose. Cette logique, à laquelle fait appel Pier Paolo Pasolini, est celle de la *mimèsis*, l'*Un différant tel qu'en lui-même* d'Héraclite[2]. Elle s'articule toujours autour du partage du même et de l'autre, de l'identité et de la différence, elle est soustraite à l'*homoïosis*, à la reproduction du même par le même.

LE CHIFFRE 3

Œdipe roi se construit autour du chiffre 3. Il se compose de trois parties – prologue, partie mythique, épilogue. Œdipe se retrouve face à trois chemins après avoir quitté le sanctuaire de Delphes. Pasolini réitère à trois reprises un symptôme stylistique : il introduit trois flous dans la séquence suivant celle de Delphes. Les croisements sont marqués du chiffre 3 : sur tous ces lieux, veille Hécate, l'inquiétante magicienne, la déesse des carrefours, sur lesquels elle appose de son sceau le chiffre Trois. Les embranchements à trois voies rappellent qu'Hécate

---

[1] Cf. DELEUZE Gilles, *Différence et répétition*, Paris, PUF, 1968.
[2] *en diaphéron héautô*, dont Hölderlin a fait, depuis *Hypérion*, où il cite Héraclite, le motif le plus constant et le plus explicite de son questionnement sur l'essence du Beau et de l'Art.

est une femme à trois têtes ou à trois corps, selon les légendes. Le chiffre 3 est ce point d'absence et d'inanité autour duquel Œdipe erre avec une espèce de lucidité sarcastique, de bon sens rusé, puis passe par des mouvements de souffrance où l'on entend crier la misère, mais sans jamais consentir, avec une force combattante qui ne cesse d'être à la mesure de ce vide qu'il étreint.

Le chiffre 3 décentre, décline, dénie, répète. La totalité synoptique qui se dégage d'*Œdipe roi* est la structure ternaire de l'œuvre, l'entraînant, comme le note Hervé Joubert-Laurencin, d'une division en Trois vers le Un[1]. Trois est le chiffre de la répétition, qui est une toute autre forme que la répétition du 2, que la répétition originaire, celle de la simple reproduction. Dès lors que le centre ou l'origine commencent par se répéter, se dédoubler, le double ne s'ajoute pas au simple, il le divise et le supplée. Il y a aussitôt une double origine plus sa répétition. Trois est le signe indicateur que tout a commencé par la répétition. Trois fait intervenir la division dans la répétition. Le chiffre 3 écrit et abîme la représentation. Il est le signe d'une brisure, d'une ouverture, dans le schème représentatif. Dans *Œdipe roi*, le chiffre 3 entre dans le mythe comme si celui-ci était lié à la répétition. Dès lors qu'il se prête une fois à une telle représentation, il pénètre le sans-fond du redoublement infini, là où le signe se répète toujours, il donne un autre signe qui naîtra lui-même de sa division. Avec la triplicité, le sens est différent de soi. Il n'est pas réflexion spéculative et critique, mais poésie et histoire, ouverture sur le désert, poème. C'est précisément ce décalage du chiffre 3, son inextricable distance, son redoublement, son dédoublement indéfini, qui, chaque fois, constitue la substance de l'épisode, sa fatalité malheureuse, comme sa puissance formatrice qui le rend insaisissable comme fait et fascinant comme souvenir.

---

[1] JOUBERT-LAURENCIN Hervé, « Œdipe roi : Trois-Deux-Un », *Pasolini, portrait du poète en cinéaste*, op.cit., p.225.

L'ADAPTATION D'*ŒDIPE ROI* DE SOPHOCLE

La partie mythique d'*Œdipe roi* s'appuie sur le mythe d'Œdipe et sur son adaptation par Sophocle. L'épisode central est divisé en deux parties : le socle mythique précédant et décrivant la tragédie de Sophocle et la tragédie elle-même, *Œdipe roi*. La première partie de l'épisode central représente la préhistoire de l'adaptation de la pièce de Sophocle, elle est la recherche de cette histoire. La seconde partie de la partie mythique est l'adaptation proprement dite de Sophocle qui narre, selon Hervé Joubert-Laurencin, « l'histoire d'un présent brutal déterminé par une préhistoire personnelle noire et inconsciente, façonnée par le destin. La première partie représente cette préhistoire »[1]. L'auteur de *Pasolini, portrait du poète en cinéaste* parle de cette seconde partie comme d'un « éternel retour »[2] : « c'est l'histoire, dit-il, de la recherche d'une histoire, enfouie dans le passé, à l'aide de mots, de témoignages concordants et d'efforts de mémoire, histoire ancienne qui n'est autre que ce que [le premier mouvement] vient de montrer au présent »[3].
Le scénario d'*Œdipe roi* n'est pas un scénario original en ce qu'il procède d'un texte littéraire, théâtral, non seulement parce qu'il l'adapte, mais parce qu'il inscrit, dans sa langue, *une autre forme*, le texte tragique.
Pier Paolo Pasolini n'adapte pas le texte de Sophocle, au sens traditionnel du mot, il le pastiche. Il cite explicitement l'*Œdipe roi* grec. Les dernières paroles de l'Œdipe du film sont la traduction mot à mot de l'adaptation italienne de Pasolini de la fin d'*Œdipe à Colone* : « O, lumière que je ne voyais plus, qui avant était en quelque sorte mienne, maintenant tu m'éclaires pour la dernière fois ». La répétition de la tragédie de Sophocle affecte la maîtrise spéculaire du cinéaste Pasolini. Celle-ci agonise pour devenir énonciation apocryphe. Dans cette forme de déclaration, l'énonciation est assurée par personnes

---

[1] JOUBERT-LAURENCIN Hervé, « *Œdipe roi* : Trois-Deux-Un », *Pasolini, portrait du poète en cinéaste*, op.cit., p.224.
[2] *Ibid.*
[3] *Ibid.*

interposées qui ne sont elles-mêmes, comme l'explicite Friedrich Hölderlin dans l'ouverture du *Fondement pour Empédocle*, ni l'auteur des propos tenus ni les personnages représentés[1]. Le récitant devient récité, l'auteur ne met plus en scène que le « référent d'autres occurrences narratives »[2], disjoignant toute dialectique. Si nous voulons pousser plus avant cette réflexion, analysons la structure énonciative que met en scène Jean-Luc Godard dans le prologue du *Mépris*, lorsque s'inscrit sur l'écran : « Le cinéma, disait André Bazin, substitue à notre regard un monde qui s'accorde à nos désirs », schème dont l'ex-centricité discursive relève du schéma apocryphe. La phrase affirme sans l'affirmer l'énonciateur, l'enfonçant dans un vertigineux abîme, responsable d'un discours qui ne cesse pas de ne pas être le sien, assumant celui qui n'est même pas celui de Godard. Ce dernier reprend une citation, l'isole et attribue à André Bazin ce qui semble devoir être alloué à Michel Mourlet, mac-mahonien renommé pour ses positions récalcitrantes à l'égard du fondateur idéologique des *Cahiers du cinéma*. La phrase met en œuvre la destatuation de plusieurs instances, dénaturant toujours déjà toute autorité discursive et réceptive dans un étourdissant mouvement, sans fin ni recours, sans arrêt possible. Dans *Œdipe roi*, l'auteur n'est pas lui-même responsable des propos que les personnages tiennent. Le discours n'est pas à la première personne, lui est opposée une énonciation qui peut être comprise en référence au concept grec de *mimèsis*. Analysé dans le Livre III de la *République*, le terme de *mimèsis* apparaît au moment où Platon tente de caractériser l'énonciation dramatique[3]. Le philosophe grec distingue trois modes d'énonciation : le dithyrambe, l'épopée, la tragédie. Le dithyrambe procède par exposition pure et simple : l'auteur raconte à la première personne. C'est un type d'énonciation direct nommé « *haplé diégésis* ». L'épopée est un mode d'énonciation indirect et apocryphe, c'est un récit mêlé

---

[1] Cf. Ouverture du *Fondement pour Empédocle*, et l'analyse du « poème tragique-dramatique », HÖLDERLIN Friedrich, *Œuvres*, trad. de l'allemand par Denise Naville, Paris, Gallimard, 1967, p.657.
[2] LYOTARD Jean-François, *La Condition post-moderne*, Paris, Minuit, 1979, p.40.
[3] PLATON, *République*, op.cit., III, 393 a-e.

d'imitation, où le poète parle à la place d'un autre. Dans ce procédé, « il assortit autant qu'il le peut la forme de son langage à la personnalité individuelle de celui dont il nous a prévenu qu'il allait prendre la parole »[1]. Ce processus est *mimèsis*. Il atteint son apogée dans la tragédie, mode de récit mixte et mélangé, dans lequel acteurs et personnages parlent en lieu et place d'un autre, du poète. La *mimèsis* définit le processus par lequel l'auteur dramatique s'octroie des propos qui ne sont pas les siens, les *imite*, les *reproduit*. L'adaptation de la pièce de Sophocle affecte, non pas la forme narrative, mais le mode du récit. En effet, non seulement Pier Paolo Pasolini cite Sophocle, mais au moment précis de la répétition du texte tragique, il se dissimule en personnage. Le cinéaste tient lui-même le rôle du grand prêtre, qui vient se faire la voix de tous les Thébains pour réclamer au roi thaumaturge d'intercéder auprès des dieux afin de sauver la ville de la peste. C'est le moment précis du raccord entre la tragédie grecque et le film : « J'ai tenu le rôle du grand prêtre pour deux raisons : parce que je n'avais pas trouvé de personne adéquate, et parce que la longue phrase que je récite est la première du texte de Sophocle – la tragédie commence ainsi – et il me plaisait, en tant qu'auteur, d'introduire moi-même Sophocle dans le film. »[2] Pasolini fait ici sa première apparition à l'intérieur d'un de ses films de fiction, habillé d'une longue robe et le visage auréolé de petits coquillages tenus par du raphia. Jean-Claude Biette, assistant réalisateur du film, est reconnaissable, similairement encoquillé, à sa droite, dans deux plans d'ensemble – pour les plans plus rapprochés, Pasolini est entouré de visages maghrébins. Pier Paolo Pasolini intervient en personne dans le film, sur la place de Thèbes, travesti en grand prêtre, portant métaphoriquement un masque. Il contrefait son visage, déguise sa voix, mais le masque ne cache pourtant pas son visage. En apparaissant en grand prêtre, s'exhibe le plus aigu des conflits mimétiques. Pasolini définit sa position : il se dissimule, précisément parce qu'il est le sujet de l'écriture, en personnage.

---

[1] *Ibid.*, III, 393 b-c.
[2] PASOLINI Pier Paolo, « Venise 67 », « Entretien de Pier Paolo Pasolini avec Jean-André Fieschi », *Cahiers du cinéma*, n°195, novembre 1967.

Le cinéaste est en retrait. Son statut est ambigu. Il occupe fautivement la place d'acteur. Ce lieu avec lequel il ne coïncide pas est celui de la *mimèsis*.

Le film de Pasolini contamine, envahit, l'œuvre de Sophocle, la rendant d'emblée plurielle, seconde, dérivée, excédant le rapport mimétique compris comme copie.

L'idée que Pier Paolo Pasolini fait de son *Œdipe roi* la répétition de la tragédie grecque est accentuée au moment où il redouble la structure dramatique de l'œuvre de Sophocle. Dans la séquence où le grand prêtre intervient, venant réclamer son aide au nouveau roi de Thèbes qui correspond à la scène 1 de l'acte I de l'*Œdipe roi* de Sophocle, Œdipe entre en scène. Pier Paolo Pasolini produit, ici, un théâtre, une représentation. Il introduit la théâtralité. Devant le palais de Thèbes, Œdipe se retrouve sur une estrade. Il se produit dans l'espace et dans le temps de la représentation théâtrale, dans une mise en forme visible du processus scénique. Les auditeurs sont disposés en cercle autour du parvis du palais de Thèbes, figés. L'espace est celui de l'*agora,* d'une agora atomisée. Cette scène donne à voir le contenu de l'image comme spectacle[1]. Les plans sont

---

[1] L'introduction de la théâtralité chez Pasolini atteindra son apogée dans *Salo ou les 120 journées de Sodome.* Le film, une fois dépassée l'introduction, est construit sur le mode spectaculaire. Il est fondé sur le récit des historiennes suivi de la *mise en scène* des événements racontés puis de leur commentaire philosophique. Le fantasme est mis en scène et ce spectacle se révèle insoutenable. Le spectacle est poussé à un point extrême de contradiction puisqu'il se joue sur sa propre fascination et sur le rejet d'un contenu qui s'avère inacceptable. La mise en scène est réduite à une épure intellectuelle et abstraite. Plus encore, dans la dernière partie (le cercle du « sang »), le texte de Sade, illustré mot à mot, atteint le comble de l'horreur. Pasolini identifie le regard du spectateur au regard distancié des quatre « seigneurs ». Les meurtres et les tortures sont accompagnés d'une musique douce, à travers les jumelles ou les fenêtres, sous les cris des victimes. Cette horreur est réduite à un pur objet de jouissance esthétique, vidé de tout contenu idéologique. Une distance est constamment maintenue entre l'objectif et les personnages mais cette distance marque surtout l'indifférence des maîtres. Cette distance atteint son point culminant dans la séquence finale. Les supplices sont montrés de loin et les maîtres viennent les observer chacun leur tour à la jumelle. Un des maîtres accentue l'éloignement en retournant ses jumelles. A travers ce détachement, cette distance, Pasolini ne vise pas directement le fascisme historique. Il vise à « démontrer » la complicité qui se crée peu à peu entre le regard du spectateur et celui des bourreaux. Comme le remarque Alain-

fixes et concrets, les plans généraux sont aussi appuyés que les gros plans, les entrées et sorties de champ des personnages sont exceptionnelles. Pasolini adopte une mise en scène fortement distanciée, faisant référence à celle de Bertolt Brecht ou au Living Theater de Julian Beck. Le spectateur n'est jamais confronté à une présentation directe des événements mais à leur (re)présentation.
Pasolini cite Sophocle, mais sous une forme morcelée, fragmentée. Les dialogues des épisodes adaptés des vers de Sophocle ont pris le parti du prosaïsme. L'œuvre est mise en scène sur les ruines d'une autre. Pasolini ne fait pas de son récit la découverte d'un destin, mais suit linéairement, pas à pas, Œdipe, sur le chemin d'une histoire qui l'amène à assassiner son père et l'entraîne vers une intimité partagée avec sa mère. Pier Paolo Pasolini retourne sur les pas de l'œuvre de Sophocle, passe de l'Italie moderne à la Grèce antique, inscrit Freud et le complexe d'Œdipe dans la pièce originelle, s'attache autant au mythe d'Œdipe qu'à la pièce de Sophocle, produisant ainsi un décentrement narratif. Le cinéaste introduit plusieurs différences significatives par rapport à la tragédie grecque. Il supprime la tirade prophétique d'Œdipe, par laquelle débute le premier épisode d'*Œdipe roi* de Sophocle, les interventions chorales. Jocaste est devenue presque muette. Dans le texte originel, elle intervenait par exemple dans la dispute entre Créon et Œdipe dans le deuxième épisode. Dans la séquence 16 du film, elle apparaît à l'image, dans un autre lieu. Le texte originel se retrouve dans les intervalles. La narration est trouée, fissurée, incroyable : pourquoi le serviteur révèle-t-il tout-à-coup les événements ? Seule la série des analogies et des similitudes raconte l'histoire, seul l'esprit du spectateur qui connaît l'intrigue, raccorde, rend cohérent, ce qui n'a pas réellement de lien logique. *Œdipe roi* n'obéit pas aux règles et aux conventions ordinaires de l'adaptation. La disproportion est de mise : les détails sont énormément dilatés, les points

---

Michel Boyer, la scène finale impose, dans son dispositif même, cette identification insidieuse : « Rivés à leur siège qui ressemble à un fauteuil de salle de cinéma, les bourreaux regardent désormais avec nos yeux, nous observons avec les leurs », BOYER Alain-Michel, *Pasolini, qui êtes-vous ?*, Lyon, La Manufacture, 1987, p.271.

considérés comme importants sont rapidement contés, si bien que, comme l'exprime Pasolini, en 1965, dans un article consacré à ses films parmi lesquels *L'Evangile selon Saint Matthieu*, « il n'y a pas d'alternative, pas de catharsis, pas de fermeture du récit »[1]. La différence la plus significative entre le film et la tragédie grecque concerne l'acheminement vers la découverte de la vérité : dans le texte de Sophocle, la prise de conscience était progressive, tout au long d'une série de rencontres et de dialogues, dans le film, elle est mystérieusement intériorisée, presque supposée dès le début – Œdipe appelle Jocaste « mère » avant que ses craintes se soient avérées exactes. Cette prise de conscience se traduit presque uniquement en images : les dialogues sont rares, les silences sont longs, les crises de colère soudaines et féroces. Des dissemblances marquent le passage d'*Œdipe roi* de Sophocle au film de Pasolini, des silences affleurent, des ruptures sont neutralisées. La vérité sur la naissance d'Œdipe est très brièvement contée. Le dénouement reste en suspens : une ellipse importante interrompt la progression de l'intrigue et la révélation de la naissance d'Œdipe ; en effet, entre l'entrée en scène du serviteur de Corinthe venu annoncer la mort de Polybe et le moment où Œdipe va voir le berger de Thèbes, témoin de la tuerie et de l'assassinat de Laïos, aucune indication causale n'est donnée, le spectateur ignore le cheminement nécessaire à l'avènement de la vérité.

Ainsi, le scénario, en prenant forme, trouble la certitude du savoir littéraire. Il détruit le texte auquel il n'est pas seulement arraché, mais qu'il exalte jusqu'à n'être qu'arrachement, jusqu'à devenir le non fragment d'un texte incitable. Pasolini présente l'œuvre de Sophocle comme une œuvre vouée à la fragmentation, à la dispersion, qui n'est plus sur orbite, a perdu son centre organisateur, échoue à se constituer en *œuvre*. *Œdipe roi* met en scène le procès de décomposition d'un grand livre rêvé. *Œdipe roi* contamine l'œuvre de Sophocle, c'est-à-dire, suivant l'étymologie grecque, l'outrage, la déshonore, la mutile,

---

[1] PASOLINI Pier Paolo, « Le cinéma selon Pasolini », de Pier Paolo Pasolini avec Jean-Louis Comolli et Bernardo Bertolucci », *Cahiers du cinéma*, n°169, août 1965.

la ruine. Cette pratique bouleversante de la traduction, ce trajet contourné, tortueux, détruit la possibilité de tenir le langage de Sophocle. L'adaptation devient ce qui ne peut et ne doit pas être la traduction immédiate d'un sens, elle affirme l'abîme qui « sépare l'image de sa signification »[1]. Le film de Pasolini glisse lentement hors de l'espace propre de l'œuvre de Sophocle et se perd. Le film se produit en marge de Sophocle, suivant une marche frontalière, esquive et attirance. *Œdipe roi* matérialise directement le fait que le texte de Sophocle est *lu*, qu'il est une *traduction*. Pasolini cite Sophocle et ce système de citation directe, immédiate, exhibe le geste traducteur jusqu'à faire du film le récit du texte originaire. Le doublage appuie cette idée. Hervé Joubert-Laurencin, dans *Portrait du poète en cinéaste*, évoquant les méthodes de travail de Pasolini, rappelle que le cinéaste tournait en muet, sans prise de son direct, et post-synchronisait les voix de ses films[2]. *Œdipe roi* n'échappe pas à la règle, le film est entièrement fondé sur la post-synchronisation. Il expose la dissonance entre les corps et les voix qui la constitue. A de nombreuses reprises, et principalement dans la partie mythique, le processus est clairement explicite : les voix sont légèrement, mais visiblement, détachée du corps, un décalage temporel entre les lèvres des comédiens et les voix déclamant le texte est affichée. Dès la cinquième scène de l'épisode central, et à chaque moment stratégique du récit, comme lorsque Œdipe annonce à ses parents qu'il quitte Corinthe pour aller consulter l'oracle de Delphes, Pasolini met en valeur la post-synchronisation. Ce procédé sera également utilisé par exemple dans la scène de la prophétie de l'oracle de Delphes et pendant la scène où Tirésias, le prophète, prédit son futur au jeune roi de Thèbes. Barthélemy Amengual parle du doublage pasolinien comme « le moyen le plus commode de ″distanciation″, la matérialisation la plus directe du fait que nous [...] lisons un

---

[1] BENJAMIN Walter, *L'Origine du drame baroque allemand*, trad. de l'allemand par André Hirt et Sibylle Müller, Paris, Flammarion, 1985, p.178.
[2] JOUBERT-LAURENCIN Hervé, « De la vie et des marionnettes », *Pasolini, portrait du poète en cinéaste*, op.cit., p.111.

texte dans sa traduction »[1]. La post-synchronisation transforme les paroles en récitation désincarnée et permet la visualisation directe du texte.

La post-synchronisation suit la structure même de la *mimèsis* telle qu'elle est définie par Platon dans le Livre III de la *République*[2], lorsqu'il décrit l'énonciation dramatique, et à travers elle, l'énonciation apocryphe. La *mimèsis* est déterminée comme une énonciation assurée par personnes interposées. Dans *Œdipe roi*, la post-synchronisation – le doublage – adhère aux propriétés de la *mimèsis*. Avec la post-synchronisation, il semble que quelqu'un d'autre parle, l'acteur parle comme s'il était lui-même un autre. Parmi les concepts que Gilles Deleuze traverse dans *L'Image-Temps*, il insère celui de *mimèsis*. Dans le sixième chapitre, « Les puissances du faux », le terme est défini par celui de « simulation »[3], accomplissant en cela l'exégèse que propose Platon dans la *République* du terme *mimèsis*. Le philosophe français affirme que lorsqu'intervient la *mimèsis*, le film passe dans l'ordre du possible où il ne se passe rien qui ne puisse être *raconté*. Etrange situation pour un personnage de film, plus étrange encore pour le cinéaste : la parole devient alors acte de *fabulation*, « acte moral de conte, acte supra-historique de légende »[4]. Lorsque le cinéaste introduit la *mimèsis*, le récit n'est plus véridique, c'est un « pseudo-récit », « un poème, un récit simulant, une simulation de récit »[5].

---

[1] AMENGUAL Barthélémy, « Les Mille et une nuits ou les nourritures terrestres » in *Pasolini II : un « cinéma de poésie »*, Lettres modernes Minard, coll. « Etudes cinématographiques », 112-114, 1977, p.181.
[2] PLATON, *République*, op.cit., 393 a-e.
[3] DELEUZE Gilles, « Les puissances du faux », *L'Image-Temps*, op.cit., p194.
[4] DELEUZE Gilles, « Les composantes de l'image », *L'Image-Temps*, op.cit., p.317.
[5] DELEUZE Gilles, « Les puissances du faux », *L'Image-Temps*, op.cit., p.194.

L'AUTOBIOGRAPHIE

Œdipe roi, de l'aveu même de l'auteur, est « le plus autobiographique de [ses] films »[1]. L'autobiographie telle qu'elle est mise en scène par Pier Paolo Pasolini participe éminemment de la puissance de répétition de ce film.

L'AUTOPORTRAIT

« La différence profonde entre *Œdipe* et mes autres films, c'est qu'il est autobiographique, alors que les autres ne l'étaient pas ou l'étaient moins, ou du moins l'étaient presque tous inconsciemment, indirectement. Dans *Œdipe*, je raconte l'histoire de mon propre complexe d'Œdipe. Le petit garçon du prologue, c'est moi, son père c'est mon père, ancien officier d'infanterie, et la mère, une institutrice, c'est ma propre mère. Je raconte ma vie, mythifiée bien sûr, rendue épique par la légende d'Œdipe », affirme Pasolini dans les *Cahiers du cinéma* en 1967[2]. Ces dires sont confirmés par Dominique Noguez, déclarant que nous sommes devant un « faux Œdipe roi »[3] : il conçoit le film comme un autoportrait de Pasolini : un « Pasolini-Roi »[4]. Hervé Joubert-Laurencin, dans *Pasolini, portrait du poète en cinéaste*, note, à partir des analyses de Dominique Noguez, qu'*Œdipe roi* est le « moi » de Pasolini[5]. Le prologue reconstitue, en costumes, la petite enfance de Pasolini. Il revient sur les lieux de son enfance en recréant le

---

[1] PASOLINI Pier Paolo, « Rencontre avec Pier Paolo Pasolini par Jean Narboni », *Cahiers du cinéma*, n°192, juillet-août 1967.
[2] PASOLINI, « Discours sur le plan-séquence ou le cinéma comme sémiologie de la réalité », *Cahiers du cinéma*, n°192, juillet-août 1967, p.31.
[3] NOGUEZ Dominique, « L'Œdipe de Pasolini » in *Ca cinéma* n°2 (1ère année), octobre 1973. Voir aussi « Pasolini-Roi. Essai de célébration en forme d'énigme » in *Nouvelle revue française*, n°196, avril 1969.
[4] Cité in JOUBERT-LAURENCIN Hervé, « *Œdipe roi* : Trois-Deux-Un », *Portrait du poète en cinéaste*, op.cit., p.222.
[5] *Ibid*.

village de Sacile, à San Angelo Lodigiano, en Basse-Lombardie[1]. Le père du bébé est militaire, comme l'était le père de Pier Paolo Pasolini. L'épilogue propose une vision globale de Pasolini adulte comme le prologue donnait une vision synthétique de son enfance. L'épilogue du film présente Œdipe, vagabond aveugle, joueur de pipeau, marchant avec son compagnon Angelo sous « les Portiques de la Mort » de la ville de Bologne. Comme le rappelle Hervé Joubert-Laurencin[2], Bologne est le lieu de la naissance de Pasolini, le lieu de ses 18 ans, de l'apprentissage du savoir, de l'Université. Bologne est la ville de la Raison, elle représente la Cité d'Athéna. Il remarque que les arcades sous lesquelles apparaissent Franco Citti et Ninetto Davoli sont les « Portiques de la Mort », à savoir, selon un témoignage de Pasolini, son « plus beau souvenir de Bologne », car ils représentent l'endroit où il acheta ses premiers livres, à l'âge de quinze ans. Le long poème autobiographique inachevé *Who is me (poeta delle ceneri)* de l'été 1966 (antérieur à *Œdipe roi*), fait de ce lieu, plus encore que le symbole de la vie intellectuelle, le point même de l'origine de la vie de Pasolini : « Je suis quelqu'un qui est né dans une ville pleine d'arcades en 1922 »[3]. Comme le constate Hervé Joubert-Laurencin, Œdipe moderne, contemporain, représente l'activité adulte de poète de Pasolini, organisée autour de deux pôles : d'abord il joue pour la bourgeoisie une musique ancestrale japonaise sur les marches de l'église, représentant ainsi le poète décadent hermétique qu'il est, puis il joue pour les ouvriers devant les usines un chant

---

[1] Hervé Joubert-Laurencin note que la place du village qui apparaît dans le film, avec son monument aux morts, ressemble à la Casarsa de l' « Iconographie jaunie. Notes pour un poème photographique » qui clôt *La Divine Mimèsis* (*La Divine Mimèsis*, trad. de l'italien par Danièle Sallenave, Paris, Flammarion, 1980, image n°24), ce qui ajoute encore à l'aspect à la fois synthétique et symboliquement originaire de la reconstitution du prologue. Cf. JOUBERT-LAURENCIN Hervé, « *Œdipe roi :* Trois-Deux-Un », *Portrait du poète en cinéaste*, op.cit., note 8, p.220.
[2] *Ibid.*, p.221.
[3] PASOLINI Pier Paolo, *Qui je suis*, trad. de l'italien Jean-Pierre Mileli, Arléa, 2002, p.12 et p.15, *Avec les armes de la poésie...*, Associazione « Fondo Pier Paolo Pasolini, Milan, Garzanti, 1984, diffusé par la Maison des Cultures du Monde, p.48.

révolutionnaire propre à la résistance italienne, symbolisant l'engagement du poète auquel il adhère[1]. Œdipe, surgit dans le film du seul nom qui constitue son histoire, il est imprégné de l'histoire de Pasolini, de sa généalogie, de sa mémoire. Pier Paolo Pasolini assigne au personnage des éléments de sa propre vie, des « autobiographèmes ». Il est le sujet à part entière de cette fiction. Il s'engage dans l'autobiographie en mettant en scène une fiction et en s'y impliquant. A travers Œdipe, émerge une figure possible de lui-même. Ainsi, selon le vœu qu'il exprime dans *L'Expérience hérétique*, une possibilité nouvelle se présente : « parler indirectement – à travers un quelconque alibi narratif – à la première personne »[2]. Le personnage n'est qu'un prétexte.

Cependant, contrairement à ce que Dominique Noguez affirme dans « L'Œdipe de Pasolini »[3], Œdipe n'est pas le « moi » de Pasolini mais son écoute en écho. En effet, le cinéaste n'intervient pas en son nom propre, il se met en scène sous la caution d'un personnage intradiégétique. Œdipe est le double de Pasolini. Entre Œdipe et Pasolini, on peut parler d'un dédoublement initial. Plus encore qu'un doublement, le personnage d'Œdipe est un tour de Pasolini, un ploiement, un remaniement toujours en train de s'invertir et portant en lui une divergence. *Œdipe roi* est un faux autoportrait constamment joué, simulé, qui vise à définir la place que le cinéaste s'assigne lui-même dans le schéma autobiographique. Le nom d'Œdipe est la mémoire, mais fausse, dérivée de son histoire. Une indécision ambiguë a lieu entre le personnage Œdipe tel qu'il est mis en scène et Pasolini lui-même. Pier Paolo Pasolini ne dresse pas son autoportrait, il identifie sa fiction singulière à la mémoire d'une fiction. Il s'identifie à Œdipe. Il faut retenir cette formule de Jean-Luc Godard qui disait à propos de Jean Rouch que le cinéaste « blanc tout comme Rimbaud, déclare

---

[1] JOUBERT-LAURENCIN Hervé, « *Œdipe roi* : Trois-Deux-Un », op.cit., p.222.
[2] PASOLINI Pier Paolo, « Le cinéma de poésie », *L'Expérience hérétique*, op.cit., 1976, p.155.
[3] Cf. NOGUEZ Dominique, « L'Œdipe de Pasolini », op.cit., et « Pasolini-roi, Essai de célébration en forme d'énigme », op.cit.

lui aussi que "Je est un autre", c'est-à-dire Moi, un Noir »[1]. Cette formule vaut pour *Œdipe roi*. C'est ce que Gilles Deleuze, dans *L'Image-Temps*, nomme le « récit indirect libre », faisant référence à la poésie que Pasolini, dans *L'Expérience hérétique*[2], réclamait contre la prose[3]. Dans le mode poétique, l'énonciateur restitue le point de vue d'un témoin auquel il s'identifie et se mêle. Les termes de Pasolini et Deleuze définissent la modernité à partir d'une irréductible multiplicité, inaugurée par la formule rimbaldienne, « Je est un autre »[4]. Dans *Œdipe roi*, Pier Paolo Pasolini présente une théorie de la figure et de la fiction. En attribuant à Œdipe des « autobiographèmes » et en s'identifiant à lui, il trahit le caractère nécessairement médiat de l'autoportrait. Il établit sur la base de l'ontologie fictionnelle, l'horizon de l'ontologie figurale, c'est-à-dire affirme qu'il n'y a pas d'image propre où s'identifier, pas de double possible de soi-même. L'écriture en première personne est travestie. Ce travestissement révèle

---

[1] GODARD Jean-Luc, *Jean-Luc Godard / Jean-Luc Godard*, Paris, Belfond, p.220, cité in DELEUZE Gilles, « Les puissances du faux », *L'Image-Temps*, op.cit., p.199.
[2] Cf. PASOLINI Pier Paolo, « Le cinéma de poésie », *L'Expérience hérétique*, op.cit., p.146-147.
[3] Mais que l'on trouve, selon Deleuze, chez Jean Rouch, là où Pasolini ne la cherchait pas, du côté d'un cinéma présenté comme direct. DELEUZE Gilles, « Les puissances du faux », *L'Image-Temps*, op.cit., p.200. Deleuze précise, note 33, que Pasolini marquait avec force que le récit indirect libre impliquait, en littérature, des « langues » différentes suivant l'appartenance sociale des personnages. Mais, bizarrement, cette condition ne lui semblait pas réalisable dans le cinéma, où les données visuelles introduisaient toujours une certaine uniformisation : si les personnages « appartiennent à un autre monde social, ils sont mythifiés et assimilés dans les catégories de l'anomalie, de la névrose ou de l'hypersensibilité », PASOLINI, « Le cinéma de poésie », *L'Expérience hérétique*, op.cit., p.146-147. Il semble, précise Deleuze, que Pasolini n'ait pas vu comment le cinéma direct donnait une toute autre réponse à ce problème de récit. Pour Deleuze, soit l'auteur s'exprime par l'intercession d'un personnage autonome, autre que l'auteur ou que tout rôle fixé par lui, soit que le personnage agisse et parle lui-même comme si ces gestes et paroles étaient rapportés par un tiers. Le premier cas est celui du cinéma dit improprement « direct » chez Rouch, Perrault, le second, celui d'un cinéma tonal, chez Bresson ou Rohmer (alternative au cinéma direct).
[4] - DELEUZE Gilles, « Les puissances du faux », *L'Image-Temps*, op.cit., p.174.

l'élément mimétique. Le récit simple, étant pur de tout élément dramatique, y est impossible. Il peut être dit que dans *Œdipe roi*, Pasolini met en place un dispositif de narration indirecte libre.

Une déconcertante analogie est mise en place entre Pasolini et Œdipe grâce aux intertitres, venus du cinéma muet, extérieur, objectif, épique : « Dans la partie antique, plutôt que d'utiliser la voix-off, procédé du cinéma d'aujourd'hui, j'ai utilisé les intertitres, procédé du cinéma muet », commente Pasolini en 1967[1]. Les intertitres apparaissent comme en voix off, projetant leur ombre complexe sur le passé prétendu simple du récit sans personne. Ils exhibent l'absence à soi de la voix et miment l'identité d'une troisième personne pronominale. Les inserts, tels que le « Où vas-tu ma vie ? » dans *Œdipe roi*, de même que le « Où va l'humanité ? » qui termine le prologue d'*Uccellacci e uccellini*, trompent la continuité des images, produisent le même effet qu'une intervention à la première personne dans un texte narratif.

L'autobiographie est la matrice de l'élaboration cinématographique du concept philosophique de *mimèsis*. Elle accomplit le premier sens que lui donne techniquement Platon dans le Livre III de la *République*, quand il définit l'énonciation dramatique[2]. Celle-ci se présente, dit-il, à partir de trois modes : le dithyrambe, l'épopée, la tragédie. L'énonciation dramatique, explique Platon, procède soit par exposition pure et simple, soit par imitation, soit en recourant aux deux méthodes à la fois :

- Il y a exposition pure et simple lorsque l'auteur s'exprime en première personne pour narrer ce qui s'est passé sans donner l'illusion que c'est un autre qui parle.
- Il y a imitation lorsque le poète parle comme si c'était lui même un autre, lorsqu'il « assortit autant qu'il le peut la forme de son langage à la personnalité individuelle de celui dont il nous a prévenu qu'il allait prendre la parole »[3]. A ce moment, le poète est « celui qui s'assortit lui-même à un autre, soit pour

---

[1] PASOLINI Pier Paolo, « Venise 67 », « Entretien de Pier Paolo Pasolini avec Jean-André Fieschi », *Cahiers du cinéma*, n°195, novembre 1967.
[2] PLATON, *République*, op.cit., III, 393 a-e.
[3] PLATON, *République*, op.cit., III, 393 b-c.

l'intonation de la voix, soit pour l'apparence extérieure », Platon poursuit en déclarant : « nous disons qu'il " imite" cet autre auquel il s'est assorti »[1].

- Ce procédé atteint son comble dans la tragédie ou la comédie où le poète ne conserve que l'échange des paroles prononcées par les personnages[2].

La *mimèsis* intervient à ce moment où Platon tente de définir l'apocryphe, comme mode situé entre le récit simple et l'imitation pure, entre le dithyrambe et la tragédie, le récit mêlé d'imitation, l'épopée. Le type d'énonciation direct et en première personne est nommé *haplé diégésis*[3], le second, indirect et apocryphe, est *mimèsis*, le troisième est mixte et mélangé, ce mélange des deux étant le mode propre de l'épopée.

Pasolini, s'identifiant à Œdipe, se confondant avec lui, use du mode mimétique. Il ne s'agit pas tant dans *Œdipe roi* d'un autoportrait de Pasolini, que d'une confusion, d'une assimilation, d'une interaction, entre le cinéaste et le personnage. Le réalisateur s'« *assortit* » à Œdipe pour raconter son histoire propre, en convoquant la sienne.

UNE VISION SUBJECTIVE

Le désir d'identification est le cadre primordial de l'œuvre pasolinienne. Dans *Œdipe roi*, Pasolini s'identifie à Œdipe, non seulement au niveau du récit, mais au niveau de la mise en scène.

---

[1] PLATON, *République*, op.cit., III, 393 b-c.
[2] PLATON, *République*, op.cit., III, 397 e.
[3] Certains poèmes de Pasolini jouent avec ces deux mots.

La caméra subjective

Le film débute sur l'image d'un pré bordé d'arbres. Une femme s'approche d'un berceau, prend tendrement son enfant dans ses bras et l'allaite. Un plan subjectif en contre-plongée cadre le visage de la femme, lui-même encadré par les peupliers : il s'agit là de la première vision de l'enfant à son réveil. Le découpage de cette première scène fonctionne à l'inverse du découpage classique. Dans le découpage classique, la restitution de la vision du personnage est produite par une suite de plans qui, contenant le personnage, précèdent un gros plan ou un plan rapproché donnant à voir l'objet précis de son attention ou de son action. C'est ce que l'on appelle communément images objectives.
Dans *Œdipe roi*, rien n'est donné au spectateur que le personnage n'ait d'abord vu ou qu'il ne soit déjà en train de vivre. Des plans sans Œdipe, en panoramique ou en travelling le plus souvent, donnent le point de vue du héros, puis Œdipe entre dans ce même champ et s'offre au témoignage objectif. Le voyant est vu, mais le spectateur n'a aucune avance sur lui. Pasolini ne fait à ce principe que de très rares entorses : lorsque Jocaste reçoit le vieux berger de Laïos, et lorsque Œdipe, affolé par les prédictions de l'oracle de Delphes, fuit la cour de Polybe. Sur la route de Thèbes, Œdipe se retrouve à quatre reprises devant un carrefour. A chaque patte d'oie du chemin, refusant de choisir la route à prendre, il tournoie sur lui-même, les yeux clos. Au moment où Œdipe est de nouveau en marche, Pasolini accorde à deux reprises un avantage au spectateur sur Œdipe. Seul le spectateur voit la borne que le héros a laissée derrière lui, sur laquelle on peut lire (en caractères latins, anachronisme marquant du film) le nom de la ville où il va. Pasolini n'accorde réellement cet avantage au spectateur que deux fois. Les deux autres, Œdipe voit la borne.
Pasolini montre la vision d'Œdipe. Dans *Œdipe roi*, la caméra est subjective, elle est focalisée. La distinction s'évanouit entre ce que voit subjectivement le personnage et ce que restitue objectivement la caméra, non pas au profit de l'un ou de l'autre,

mais parce que la caméra prend une présence subjective, acquiert une vision intérieure.

A quoi correspond cette vision ? Il pourrait être dit, à propos d'*Œdipe roi* que le film est à la troisième personne. Il s'agirait alors de ce que Pier Paolo Pasolini, dans *L'Expérience hérétique*, explicite, à partir du rapport concret qu'il établit entre cinéma et littérature, sous le terme de « proposition-sujet ». Pasolini nomme « proposition-sujet », l'équivalent cinématographique du « discours direct », il équivaut à la focalisation[1]. Il l'analyse en prenant l'exemple d'une séquence de *Vampyr* de Carl-Theodor Dreyer : le spectateur voit ce qu'est censé voir le cadavre dans un cercueil, c'est-à-dire le ciel, les porteurs en contre-plongée, ...

Or, *Œdipe roi* se fonde sur une structure plus complexe qui ne peut être comprise qu'en référence au concept grec de *mimèsis*. La *mimèsis* est définie par Platon comme un mode du dédoublement, où le poète parle comme si c'était lui-même un autre. Il y a *mimèsis* lorsque le poète « s'assortit lui-même à un autre »[2]. Dans *Œdipe roi*, Pier Paolo Pasolini adopte le mode mimétique, il reproduit et adopte le point de vue d'un personnage, d'un *témoin*. Selon un schéma répétitif, quasi obsessionnel, les gros plans du visage d'Œdipe, tantôt de face, tantôt de profil, alternent avec ses visions. Des travellings brutaux sautent littéralement sur un dos, un visage, un objet, les

---

[1] S'inspirant de la conception littéraire de la « focalisation » chez Genette, François Jost distingue trois types possibles d'*ocularisation* : interne, quand la caméra semble être à la place de l'œil d'un personnage ; externe, quand elle semble venir de dehors ou être autonome ; et « zéro » quand elle semble s'effacer au profit de ce qu'elle montre. Cf. JOST François, « Narration(s) : en deçà et au-delà », *Communications* n°38. Gilles Deleuze, reprenant la question dans *L'Image-Temps*, s'appuie sur l'analyse de Véronique Tacquin, qui, selon ses dires, « attache beaucoup d'importance à l'ocularisation zéro : elle en fait le caractère des derniers films de Dreyer, en tant qu'ils incarnent l'instance du Neutre ». Pour Deleuze, « la focalisation interne ne concerne pas seulement un personnage, mais tout centre existant dans l'image, aussi est-ce le cas de l'image-action en général. Les deux autres cas ne se définissent pas exactement par l'externe et le zéro, mais quand le centre est devenu purement optique, soit parce qu'il passe dans la source lumineuse (profondeur chez Welles), soit parce qu'il passe dans le point de vue (planitude de Dreyer) », « La pensée et le cinéma », *L'Image-Temps*, op.cit., p.229.

[2] PLATON, *République*, op.cit., III, 393 b-c.

plans généraux viennent régulièrement happer le sujet des plans plus rapprochés. Ce mode où la vision du cinéaste et la vision du personnage se mêlent, a été théorisée par Pier Paolo Pasolini lui-même sous le nom de « subjective indirecte libre ».

Selon Hervé Joubert-Laurencin, dans « Genèse d'un penseur hérétique »[1], le mécanisme de la « subjective indirecte libre » tel qu'il est pensé par Pier Paolo Pasolini est proche de l'analyse que fait André Bazin de *Voyage en Italie*. Selon lui, André Bazin, en polémiquant avec Guido Aristarco à propos des films de Roberto Rossellini, en vient à décrire les propriétés de la subjective indirecte libre. *Voyage en Italie*, dit André Bazin, témoigne d'un regard sur Naples. Naples est restituée non pas objectivement, de façon documentaire, mais est perçue à travers « la conscience d'une bourgeoise médiocre »[2]. Naples est un « paysage mental, objectif comme une pure photographie, subjectif comme une pure conscience »[3]. Le réel est perçu non selon des codes, ni selon la conception de Rossellini, mais de manière autonome. *Voyage en Italie* fonctionne entièrement sur l'identification de la caméra à la vision du personnage. Naples est « filtrée »[4]. La découverte par Bazin de la subjectivité de la caméra préfigure la théorisation pasolinienne de la « subjective indirecte libre ».

La subjective indirecte libre

Si, dans *Œdipe roi*, Pasolini embrasse le point de vue d'un personnage, d'un *témoin*, la vision d'Œdipe est avant tout celle du cinéaste. Les effets de caméra subjective sont les images du monde tel qu'il est vu par le cinéaste. Ainsi, le bébé qui voit le

---

[1] JOUBERT-LAURENCIN Hervé, « Genèse d'un penseur hérétique », in PASOLINI Pier Paolo, *Ecrits sur le cinéma*, présenté et traduit par Hervé Joubert-Laurencin, Lyon, Presses universitaires de Lyon, Institut Lumière, 1987, p.91.
[2] BAZIN André, « Défense de Rossellini. Lettre à Guido Aristarco », *Qu'est-ce que le cinéma ?*, Paris, Editions du Cerf, 1994, p.353.
[3] *Ibid.*
[4] *Ibid.*, p.353-354.

pré, dans le prologue, est le premier effet de la « subjective indirecte libre » : c'est la première perception du monde du cinéaste. La subjective indirecte libre est un discours-vision de l'auteur. Si Hervé Joubert-Laurencin note, à cause du mouvement de caméra, que la cécité d'Œdipe est miraculeusement abolie à l'instant final, ce n'est pas comme il le pense, uniquement parce que l'aveugle voit les couleurs éclatantes du pré, c'est précisément parce le réalisateur s'est substitué à Œdipe. Raymonde Carasco explicite le procédé de la « subjective indirecte libre » pasolinienne dans le texte qu'elle consacre à *Médée*, « Médée et la double vision »[1]. Elle explique qu'entre les gros plans de la Callas, surgissent de la vision de la magicienne les lents panoramiques latéraux du désert, filmés à fleur de plateau, où, après un temps vide (un champ vide), la caméra capte l'irruption de bandes de cavaliers, prêtres-guerriers ou les longues files d'agriculteurs-nomades. La présentation de la Colchide barbare, terre natale de Médée, la cour du palais de Créon à Corinthe, la machination du double meurtre, surgissent chaque fois de la vision de Médée. Selon Raymonde Carasco, « Médée donne à voir une vision barbare du monde, la vision du monde d'une barbare »[2]. *Médée* mêle la vision subjective du personnage à celle du cinéaste.

Dans ses écrits théoriques, Pasolini conçoit la « subjective indirecte libre » comme l'actualisation cinématographique du concept linguistique de « discours indirect libre ».

Evoqué dans la première partie de *L'Expérience hérétique*, le discours indirect libre est défini comme une forme grammaticale impure. Il est la transposition dans le langage de l'auteur d'un langage autre, celui du personnage. Il est l'« imitation vécue du discours d'un personnage autre psychologiquement ». C'est une « *mimèsis* linguistique vécue »[3]. Le discours indirect libre représente un geste « populaire » : la « mimèsis caricaturale » qui consiste à

---
[1] CARASCO Raymonde, « Médée et la double vision » in *Pasolini, Revue d'esthétique*, Hors-série, Edition revue et augmentée du numéro 3, 1982, Editions Jean-Michel Place, 1992.
[2] *Ibid.*, p.76.
[3] PASOLINI Pier Paolo, « Sur le discours indirect libre », *L'Expérience hérétique*, op.cit., p.43.

« singer » le « locuteur »[1]. Mais contrairement au discours direct, dans le discours indirect libre, la langue de l'auteur et celle du personnage se contaminent. De la même manière que la langue du personnage est transposée dans celle de l'auteur, la langue de l'auteur est transposée dans celle du personnage. A partir des écrits de Dante, Pasolini explique, dans le texte « La *mimèsis* maudite », cette transposition mimétique :

« La symbiose linguistique entre Dante et son personnage se déroule en trois moments, dont chacun subsiste librement à l'intérieur et à l'extérieur des guillemets, sans en tenir compte. Le premier moment consiste en une adoption mimétique intégrale, bien que synthétiquement sublime, de la langue comique, c'est-à-dire naturaliste du personnage. Le deuxième consiste à utiliser une langue moyenne commune à Dante et au personnage. Le troisième consiste à attribuer au personnage des expressions typiquement dantesques, de ton élevé et très élevé, et par conséquent inconcevables dans la bouche de locuteurs non poètes. »[2]

Le discours indirect libre ne se différencie pas du discours direct en ce qu'il supprime les guillemets ou en ce que le discours du personnage est *mimé*. La spécificité du discours indirect libre n'est pas liée à la *reproduction* du langage du personnage. Dans le discours direct, le langage du personnage est aussi imité, reproduit, simulé[3]. La spécificité du discours indirect libre par rapport au discours direct se situe là où l'explicite Gilles Deleuze : dans l'interaction, le mélange d'un langage soutenu et d'un langage familier, dans le mélange du haut et du bas, dans l'impureté[4].

---

[1] *Ibid.*, p.48.
[2] PASOLINI Pier Paolo, « Appendice : la mimèsis maudite », *L'Expérience hérétique*, op.cit., p.83.
[3] Chez George Sand par exemple, après les guillemets du discours direct, on trouve beaucoup de mots de paysans, mimés.
[4] Pasolini, pour étayer ses propos, prend en exemple Dante : « Dante s'est servi de matériaux linguistiques propres à une société, à une élite : il s'est servi d'un jargon, qu'il n'utilisait sûrement pas lui-même, ni dans son milieu social, ni en tant que poète. C'est donc un emploi mimétique », PASOLINI Pier Paolo, « Sur le discours indirect libre », *L'Expérience hérétique*, op.cit., p.44.

Gilles Deleuze et Félix Guattari, dans *Mille plateaux, capitalisme et schizophrénie*, s'inscrivent comme les héritiers de Pier Paolo Pasolini[1] en proposant une théorie linguistique qui fait du « discours indirect » le fondement de tout langage[2]. Ils explicitent la schizophrénie universelle et non essentielle du discours indirect : « Il y a beaucoup de passions dans une passion, et toutes sortes de voix dans une voix, toute une rumeur, glossolalie : c'est pourquoi tout discours est indirect et que la translation propre au langage est celle du discours indirect »[3], affirment-ils, faisant ainsi référence à la multiplicité du discours indirect, à sa contamination. Ils lient la schizophrénie au discours indirect : « un schizophrène déclare " J'ai entendu des voix dire : il est conscient de la vie " »[4]. Cette phrase est commentée ainsi, à partir des analyses de David Cooper : « Le terme " entendre des voix " signifie qu'on devient conscient de quelque chose qui dépasse la conscience du discours normal (direct) et qui doit en conséquence être expérimenté comme différent »[5].

Pour Pier Paolo Pasolini, la « subjective indirecte libre » est l'équivalent cinématographique du « discours indirect libre »[6]. Elle est la conversion, explique-t-il dans « Le cinéma de poésie »[7], d'une opération linguistique en opération stylistique.

---

[1] Gilles Deleuze et Félix Guattari se réfèrent explicitement à Pier Paolo Pasolini. Cf. « Plateau n°4 : Postulats de la linguistique », *Mille plateaux, capitalisme et schizophrénie*, Paris, Minuit, 1980, p.97.
[2] DELEUZE Gilles et Félix GUATTARI, « Plateau n°4 : Postulats de la linguistique », *Mille plateaux, capitalisme et schizophrénie*, op.cit. pp.95 à 139. « Le premier langage, sa première détermination est le discours indirect », *Ibid.*, p.97.
[3] *Ibid.*, p.97.
[4] Cité par David Cooper, *Le Langage de la folie : exploration dans l'Hinterland de la révolution*, Paris, Seuil, 1978, p.32-33 et repris in DELEUZE Gilles et GUATTARI Félix, « Plateau n°4 : Postulats de la linguistique », *Mille plateaux, capitalisme et schizophrénie*, op.cit., p.107.
[5] *Ibid.*
[6] PASOLINI Pier Paolo, « Le cinéma de poésie », *L'Expérience hérétique*, op.cit.
[7] Le texte « Le cinéma de poésie » est d'abord une communication à une table ronde au Festival de Pesaro consacré au « Nouveau cinéma », la « Mostra del Nuovo Cinema di Pesaro », en 1965, à laquelle participaient, outre Pasolini, Roland Barthes, Umberto Eco, Christian Metz, Galvano della

La subjective indirecte libre implique que le cinéaste s'immerge dans « l'âme »[1] de son personnage. Pasolini cite l'exemple du *Désert Rouge* de Michelangelo Antonioni. Dans *Le Désert rouge*, Antonioni regarde le monde en s'identifiant à son héroïne névrosée, en revivant les faits à travers son regard. Il représente le monde vu par ses yeux, en remplaçant en bloc la vision du monde d'une névrosée par sa propre vision esthétique délirante. La névrose du personnage est révélée par un cadrage en décalage permanent. Ce remplacement se justifie par la possible analogie de deux visions. Le commentaire de Claude Ollier, exposé dans un texte consacré à *L'Eclipse* d'Antonioni[2] – précédant la théorisation de la subjective indirecte libre par

---

Volpe... C'est un écrit cinématographique né de l'actualité cinématographique et théorique. Il retourne à cette actualité en étant publié en octobre 1965 dans les *Cahiers du cinéma*, et de nouveau discuté par Eric Rohmer par exemple dans les *Cahiers du cinéma*, n°170, nov.1965, et par Christian Metz dans « Le Cinéma moderne et la narrativité » in *Essais sur la signification au cinéma*, Tome I, Paris, Klincksieck, 1968. Les actes de la table ronde de 1966 se trouve in *Nuovi argomenti* n°2 (nuove serie), avril-juin 1966 et les actes de la table ronde de 1967 (27 mai-4 juin 1967), « *Linguaggio e ideologia nel film* » se trouve in *Nuovi Argomenti*, avril-juin 1967. Les Tables rondes de Pesaro sont recueillies dans *L'Expérience hérétique*, Paris, Payot, 1972. Le titre original de *L'Expérience hérétique* est « *Empirismo eretico* ». Hervé Joubert-Laurencin, dans « Genèse d'un penseur hérétique », note que la traduction française perd en partie le sens initial du texte : « Empirismo » signifie « empirisme » et non pas expérience. Il explique ce glissement par la conclusion de l'article de Pasolini « Hypothèses de laboratoire (Note " en poète " pour une linguistique marxiste) », dans lequel Pasolini se révolte contre la « vague de formalisme et d'empirisme de la grande renaissance européenne néo-capitaliste » et l'oppose à l'expérience « *esperienza* » directe du « magma » que désire le poète et rationalise le marxiste. L'empirisme hérétique consiste à se méfier de toute structure modèle, à mettre l'accent sur le mouvement de la réalité. Cf. JOUBERT-LAURENCIN Hervé, « Genèse d'un penseur hérétique », Deuxième partie, in *Ecrits sur le cinéma*, op.cit.

[1] C'est à propos du discours indirect libre que Pasolini emploie le mot « âme » : « immersion de l'auteur dans l'âme de son personnage et adoption non seulement de la psychologie de ce dernier mais aussi de sa langue », PASOLINI Pier Paolo, « Le cinéma de poésie », *L'Expérience hérétique*, op.cit., p.144.
[2] OLLIER Claude, « Le monde comme dépossession. *L'Eclipse*, Antonioni, 1961 », *NRF*, nov.1962, repris in *Souvenirs écran*, Paris, Editions Cahiers du cinéma/Gallimard, 1981, p.83-91.

Pasolini – est proche de l'interprétation de Pasolini de la
« subjective indirecte libre ». Claude Ollier note que, dans
L'Eclipse, le cinéaste compose la « représentation intérieure »[1]
du personnage, « épouse la vision objective de l'héroïne qui
apparaît, de fait, par moments curieusement dédoublée »[2].
Selon Claude Ollier, le film suggère « un itinéraire
émotionnel ». Il parle de « l'intériorisation d'un panorama
d'événements »[3], allant de pair avec une régression très nette de
l'analyse psychologique. L'« éclipse du personnage
traditionnel »[4] amène une lecture « subjective »[5] de l'œuvre
cinématographique. L'analyse de Claude Ollier sur le
dédoublement est très proche d'un texte essentiel de Pier Paolo
Pasolini, daté de 1965, consacré à *L'Evangile selon Saint
Matthieu*, dans lequel il définit les fondements de la
« subjective indirecte libre » : « *L'Evangile* me posait le
problème suivant : je ne pouvais pas le raconter comme un récit
classique parce que je ne suis pas croyant mais athée. D'autre
part, je voulais cependant filmer *l'Evangile selon Saint
Matthieu*, c'est-à-dire raconter l'histoire du Christ fils de Dieu.
Il me fallait donc raconter un récit auquel je ne croyais pas. Ce
ne pouvait donc être moi qui le racontais. […] pour pouvoir
raconter l'Evangile, j'ai dû me plonger dans l'âme de quelqu'un

---

[1] *Ibid.*, p.87.
[2] *Ibid.*, p.90.
[3] *Ibid.*, p.87. De cette intériorisation, dit Claude Ollier, sont tirées, comme des ritournelles de l'observation, du souvenir, de la rêverie, des constantes émotionnelles (bruits, murmures, vociférations, lignes, surfaces, matériaux, lumières), organisées en contrepoint, développées en variations, orchestrées. La chronologie – très détendue, mais réelle – ordonne la succession des épisodes. Les transitions d'un épisode à l'autre sont tout à fait inhabituelles : abruptes, déroutantes, juxtaposées en fresque. *L'Eclipse*, poursuit Ollier, se présente sous la forme d'une chronique très discontinue, et c'est peut-être là, précise-t-il, son apport le plus novateur. La fixité du dispositif suggère nettement une discontinuité de l'espace, comme si le personnage se trouvait dans un lieu autre, ou momentanément dans une zone vide, un terrain « vague ». Dans cet espace, les objets acquièrent une importance démesurée. C'est par exemple un échafaudage inhabituel (bien des lieux sont au stade de la construction, de la réfection, de la démolition).
[4] *Ibid.*, p.90. La trame de l'intrigue est extrêmement lâche. Le film ne joue sur aucun ressort dramatique.
[5] *Ibid.*, p.90.

qui croit. Là est le discours indirect libre : d'une part le récit est vu par mes propres yeux, de l'autre il est vu par les yeux d'un croyant. »[1]

Dans la subjective indirecte libre, « la caméra » entre dans un rapport de simulation, de *mimèsis*, avec la manière de voir du personnage. Selon Pasolini, le cinéaste s'identifie au personnage[2]. Ces caractéristiques correspondent à ce que Gilles Deleuze décrit dans *L'Image-Temps* comme étant le propre de l'image moderne. Gilles Deleuze explique que, dans l'image moderne, la distinction s'évanouit entre la subjectivité du personnage et l'objectivité de la caméra, non au profit de l'un ou de l'autre, mais parce que le cinéaste adopte « une présence subjective », acquiert « une vision intérieure », entre dans un rapport de simulation, un rapport mimétique, avec la vision du personnage[3].

La schizophrénie de la « subjective libre » en fait la forme absolue de la *mimèsis* telle qu'est définie par Platon dans le Livre III de la *République*. Selon Platon, la *mimèsis* est portée à son apogée dans la tragédie et la poésie dont les énonciateurs, au lieu de raconter en leur nom propre, imitent des personnages, n'étant plus proprement eux-mêmes. Platon distingue trois types d'énonciation : directe et en première personne (la *haplé diégésis*), indirecte et apocryphe (la *mimèsis*) et mixte et mélangée (ce mélange des deux étant le mode propre de l'épopée). Dans *Œdipe roi*, l'énonciation correspond au troisième mode. Cette formule implique d'être soi comme un autre. Dans ce film, le cinéaste se dédouble. S'effectue une totale identification à l'autre, une réversibilité, une absorption totale, le choix d'être rigoureusement semblable, l'identification au même ou à ce qui semble opposé. Pier Paolo Pasolini occupe dans le film un double statut contradictoire : à la fois l'auteur et le personnage mis en scène indirectement. Ce

---

[1] PASOLINI Pier Paolo, « Le cinéma selon Pasolini », Entretien de Pier Paolo Pasolini avec Jean-Louis Comolli et Bernardo Bertolucci, *Cahiers du cinéma*, n°169, août 1965.
[2] PASOLINI Pier Paolo, « Le cinéma de poésie », *L'Expérience hérétique*, op.cit., p.142.
[3] DELEUZE Gilles, « Les puissances du faux », *L'Image-Temps*, op.cit., p.194.

double statut apocryptique est une double vision, à la fois celle de Pier Paolo Pasolini et celle de l'autre. Le cinéaste est responsable d'un discours qui ne cesse pas de ne pas être le sien et qui est en même temps celui du personnage. La subjective indirecte libre traduit le regard, l'émotion ou le ressenti du personnage par un formalisme qui est à la fois celui de Pasolini et celui d'Œdipe. Les couleurs intensifiées de la partie mythique, exacerbées par cet orangé fauve qui brûle l'image, les cadrages décentrés, enfoncent le discours du cinéaste dans un vertigineux abîme, vers une parole qui ne cesse pas de ne pas être la sienne et qui, pourtant, est toujours, en miroir, celle de l'autre.

PARTIE II :

L'INTENTION EMBLEMATIQUE

Dans *Œdipe roi*, Pier Paolo Pasolini affecte la puissance « naturelle » du cinématographique, son pouvoir d'*être* l'expression immédiate de ce qui est reproduit, l'union étroite du film et de son objet. Il décèle une césure entre la puissance de signification et la reproductibilité cinématographique. Le cinéaste « dénature » le réel et le transforme en signe, en un signe double et brisé.

UNE ECRITURE DU SIGNE

Dans *Œdipe roi*, Pier Paolo Pasolini tente d'arracher les choses à leur dimension concrète pour les introduire dans une autre structure, signifiante celle-là[1]. Le cinéaste tend au signe, à la signification, au mythe et au sacré.

---

[1] C'est ce que Joël Magny nomme « écriture mythique ». L'écriture mythique révèle l'insatisfaction du cinéaste dans l'approche naturelle, directe, de la réalité. Selon Joël Magny, dans le cinéma de Pasolini, la réalité ne se révèle pas dans le simple acte de filmer, mais se donne paradoxalement dans la culture. L'écriture mythique expérimente l'impuissance à capter le réel, à entrer en contact avec la vie. Pour Joël Magny, *Accattone* et *Mamma Roma* développaient déjà cette écriture mythique. Cf. MAGNY Joël, « *Accattone et Mamma Roma* : une écriture mythique en voie de développement » in *Pasolini I : le mythe et le sacré*, Lettres Modernes Minard, coll. « Etudes

LES SIGNES CULTURELS

Pier Paolo Pasolini introduit dans *Œdipe roi* tout un univers de signes culturels, en tant qu'éléments universellement répandus.
Des références culturelles obligent à un glissement vers cet univers de signes.
Pier Paolo Pasolini met en scène un mythe, en se référant, de plus, directement à Sophocle et à Freud. La seconde partie de la partie mythique cite explicitement la tragédie grecque, *Œdipe roi*. *Œdipe roi* rattache directement le mythe antique et le moderne freudisme. Le prologue s'explique par Freud, il se justifie dans l'adaptation du « complexe d'Œdipe » selon la théorie psychanalytique. Hervé Joubert-Laurencin, dans « *Œdipe roi* : Trois-Deux-Un », précise que quatre ans avant *Œdipe roi*, un article de Pasolini daté de 1963 sur Freud écrivain, « Freud connaît les astuces des grands conteurs »[1], rattache les arcades bolognaises, les « Portiques de la Mort » de l'épilogue à la figure de Freud réenvisagée par l'autobiographie personnelle[2]. Pier Paolo Pasolini, avant *Œdipe roi*, s'est nourri des théories de Freud, et il ne pouvait, en ce cas, que s'intéresser à Freud, non seulement pour la question du « complexe d'Œdipe », mais aussi et surtout pour la manière dont Freud s'est emparé d'un nom mythique pour l'ériger en concept, en schème et même en figure. Freud rencontre Œdipe parce que celui-ci représente le désir de savoir ce que la

---

cinématographiques », Paris, 1976, 109-111. Ce paradoxe est assez intéressant si l'on tient compte du fait que nombre de critiques ont vu, à l'époque, ces deux films comme un retour au néo-réalisme. Magny dévie de ce cadre. Selon lui, *Accattone* et *Mamma Roma* peignent un univers aliéné (physiquement, socialement ou mentalement) où les personnages ne parviennent pas à entrer en contact avec le monde et la société. C'est de cette absence à soi-même et aux autres que naît l'écriture mythique.

[1] *Il giorno*, 6-11-1963, repris in Pier Paolo Pasolini, *Il Portica della Morte*, Quaderni Pier Paolo Pasolini, éditions du Fonds Pasolini, Rome, 1988, pp.213-216, cité in JOUBERT-LAURENCIN Hervé, « *Œdipe roi* : Trois-Deux-Un », *Portrait du poète en cinéaste*, op.cit., p.222.

[2] Cf. JOUBERT-LAURENCIN Hervé, « Pasolini-Freud ou les chevilles qui enflent », *CinémAction* n°50, « Cinéma et psychanalyse », sous la direction d'Alain Dhote, 1989.

conscience ignore. Œdipe est la figure de la philosophie, le héros philosophique par excellence, celui en qui ou dans le destin duquel vient se rassembler l'aventure spirituelle de l'Occident. Il est le héros initial et exemplaire de notre civilisation. L'Œdipe freudien n'a eu de cesse d'être ramené à la problématique du désir. Œdipe est l'emblème aux yeux de Freud du destin du désir, et le mythe d'Œdipe offre le modèle de la structuration familiale du désir, mais il représente également le tragique de l'inconscient. Œdipe représente aussi le désir de savoir. Selon Freud, il existe une pulsion de savoir, dont il dit qu'elle sublime le besoin de maîtriser et qu'elle utilise comme énergie le désir de voir, le désir théorique lui même. Et antérieurement à tout problème mis au jour par l'enfant, c'est la question de l'origine elle-même qui suscite la première visée de savoir : la grande énigme de la naissance mise au jour dans le mythe d'Œdipe[1].
La référence explicite à Freud et Sophocle ne constitue pas à elle seule le glissement d'*Œdipe roi* vers le signe.
Le commentaire musical va à l'encontre de la localisation historique, assignant ainsi à comprendre la musique comme s'auto-désignant : des airs arabes ou des mélodies révolutionnaires accompagnent *Œdipe roi*[2]. Un jeu de références cérémoniales[3] décale le sens de la composition visuelle. La musique du film choque.
De nombreuses références culturelles au Nouveau Testament imprègnent *Œdipe roi*. Les motifs chrétiens pénètrent le corps du film. Le nom du personnage incarné par Ninetto Davoli dans l'épilogue, « Angelo », fait référence à l'Ange chrétien, au Saint Esprit. Cette idée est renforcée par le fait qu'Angelo

---

[1] Cf. FREUD Sigmund, deuxième des *Trois essais de la théorie de la sexualité*, « La sexualité infantile », au début de la section V, « Les recherches sexuelles de l'enfant », trad. de Philippe Koeppel, Paris, Gallimard, 1989.
[2] La musique de Bach est juxtaposée à la réalité triviale du sous-prolétariat romain dans *Accattone*, « La Passion selon Saint Mathieu » accompagne la rixe. Des airs japonais escortent la vengeance de *Médée*, tandis que dans *Théorème*, le jazz du *Pithecanthropus Erectus* succède aux chœurs du *Requiem* de Mozart.
[3] Ce sera également Vivaldi pour *Mamma Roma*, Mantegna pour la mort d'Ettore.

incarne la figure du messager dans la partie mythique. De plus, dans un plan de la séquence 29 de l'épisode central, la position des pieds de Jocaste, légèrement apposés l'un sur l'autre, rappelle celle du Christ crucifié. La crucifixion, l'Ange, le Saint Esprit sont, dans la théologie chrétienne, le corps incarné de Dieu le Père, le signe de la trinité chrétienne.

MANIFESTE, MANIFESTANT, SYMBOLE

Dans *Œdipe roi*, les objets qui composent l'image, les silences, les cris, les rythmes, se chevauchent pour aboutir à la création d'un véritable langage fondé sur les signes et non plus sur les mots.

Des choses sensibles

Dans *Œdipe roi*, les choses se voient, sont visuelles, sonores, sensibles d'abord. Sont émis plutôt des bruits, des sons ou des rythmes que de la musique. Plus que la musique, ce qui s'entend d'elle. Plus que le sens, le son. Les mots, employés pour leur sonorité, produisent un effet esthétique[1]. Tout au long du parcours d'Œdipe, sont perçus des bruits off. Dans le prologue, le spectateur distingue un rire sur le visage d'un enfant en gros plan, discerne la résonance d'un talon de botte militaire, au loin, qui touche successivement un ailleurs puis un

---

[1] « L'image et la parole, au cinéma, sont une seule et même chose ». « Je comprends l'idée rhétorique du cinéma conçu comme pure image. Bien plus, je fais moi-même du cinéma muet avec un plaisir indescriptible. Mais faire du cinéma muet n'est qu'une restriction métrique…Les défenseurs (archaïques) du cinéma muet…comme norme, précisément rhétorique, attribuent dans le cinéma à la parole naturellement orale, une fonction ancillaire. Celui qui dit cela ignore l'ambiguïté de la parole poétique : le contraste entre sens et sonorité…Autrement dit, le cinéma est audio-visuel », PASOLINI Pier Paolo, « La parole orale, merveilleuse possibilité du cinéma », *Cinema nuovo*, n°201, septembre-octobre 1969.

autre-part et revient en glissant. Parfois, le son peut être trompeur. Ainsi, dans le plan sur les ruines qui précède la rencontre de la prostituée, le spectateur pense que le son ne provient pas de l'intérieur du champ. Dans le même plan, une musique de chants rituels succède à une musique off. Le spectateur peut penser que ces chants proviennent d'un ailleurs, au moment où un panoramique laisse découvrir qu'il provient d'une cérémonie se déroulant à côté de ces ruines. Le son passe la frontière entre hors-champ et off, la matière sonore erre librement, renvoyant à la rugosité du réel. La bande-son, hors de l'image, l'absentant d'elle-même, renvoie chaque séquence à la brutalité de son enregistrement. La musique du film, loin d'être un accompagnement, un mouvement qui permet d'actualiser les images, ouvre l'image, la fissure. La musique pénètre l'image et la reconduit au réel. Pasolini explique, dans son texte « La musique du film »[1], que la source musicale naît d'un « ailleurs » physique et par nature « profond ». La rencontre et l'éventuel amalgame entre la musique et l'image, a un caractère essentiellement poétique, c'est-à-dire empirique. Le son reconduit le cinéma à la réalité, la source des sons est réelle et non pas illusoire, artificiellement impliquée *sur* l'écran. Les images cinématographiques, explique Pier Paolo Pasolini dans « La musique du film », reproductions de la réalité, et donc identiques à la réalité, au moment où elles sont imprimées sur la pellicule et projetées sur un écran, perdent la profondeur concrète, pour en assumer une illusoire, analogue à celle qui en peinture se nomme perspective, bien qu'infiniment plus parfaite. La musique d'*Œdipe roi* donne au spectateur l'impression d'être à l'intérieur des choses, dans une profondeur réelle et non plate.

Selon Pier Paolo Pasolini, qui avoue « un amour halluciné, enfantin et pragmatique pour la réalité »[2], un amour « sensuel »

---

[1] PASOLINI Pier Paolo, « La musique du film », texte écrit pour la présentation d'un disque d'Ennio Morricone, repris dans *Teoria e tecnica del film in Pasolini*, Bulzoni, 1979, traduction française dans PASOLINI Pier Paolo, *Ecrits sur le cinéma*, op.cit.
[2] PASOLINI Pier Paolo, *L'Expérience hérétique*, op.cit., pp.198-199.

pour la réalité[1], le cinéma est la « réalité » tout court. La réalité, ses objets, ses formes réelles, persistent au cinéma.

Pasolini, dans *Œdipe roi*, conçoit l'image comme l'appel immédiat de son référent. Il s'appuie sur la puissance directement expressive du cinématographique. Il réfute toute distinction entre la forme de ce qui est décrit et ce qui est représenté. *Œdipe roi* réalise le vœu du régime esthétique en libérant de la surface de l'écran les éléments qui le composent. Dans ce film, les choses sensibles expriment.

Les écrits théoriques de Pier Paolo Pasolini permettent de saisir les enjeux de cette expression immédiate.

Une langue écrite

Dans *L'Expérience hérétique*, Pier Paolo Pasolini fait appel à la fonction de représentation de l'art : « Etant donné que le cinéma reproduit la réalité, il finit par renvoyer à l'étude de la réalité. Mais d'une façon nouvelle et spéciale, comme si la réalité avait été découverte à travers sa reproduction, et que certains de ses mécanismes d'expression n'étaient apparus que dans cette nouvelle situation réfléchie. »[2] Le cinéma, explique Pier Paolo Pasolini, utilise la réalité comme support, la présente, la met en évidence, souligne sa phénoménologie, mène à terme ce que la nature est incapable d'œuvrer : « Si l'on peut dire que la réalité, en tant que représentation d'elle-même, en tant que langage est ″ un cinéma en nature ″, on peut affirmer également que le cinéma, en la reproduisant, en devenant son langage ″ écrit ″, met en évidence ce qu'elle est, souligne sa phénoménologie »[3].

---

[1] PASOLINI Pier Paolo, *Poésies*, trad. de l'italien par José Guidi, Paris, Gallimard, 1973, p.27 : « Et s'il m'advient d'aimer le monde, ce n'est que d'un violent et naïf amour sensuel. ».
[2] PASOLINI Pier Paolo, « Sur le cinéma », *L'Expérience hérétique*, op.cit., p.203.
[3] PASOLINI Pier Paolo, « La fin de l'avant-garde », *L'Expérience hérétique*, op.cit., p.101.

Le cinéma est ici défini comme une langue qui auto-dénomine le monde[1], comme « langue de la réalité »[2]. Ce paradigme, un des schèmes principaux de la théorie pasolinienne, est évoqué à propos d'*Œdipe roi* dans un article intitulé « Signes vivants et poètes morts », dans lequel Pasolini analyse et définit le langage de la réalité : « Par exemple, celui des rangées de peupliers, des vertes prairies et de la rivière Lambro qui m'a ″ parlé ″ près de Milan dans les dernières scènes de mon *Œdipe*. »[3] Selon Pier Paolo Pasolini, le cinéma exprime, il est la langue écrite de la réalité comme langage. La référence à *Œdipe roi* permet de mettre en relation ce film et la théorie pasolinienne. Dans le film, c'est l'écriture du corps lui-même qui s'exhibe, il fait appel à une langue des corps, des gestes. *Œdipe roi* est un témoignage sur la science des corps, sur la miraculeuse intuition sémiotique. L'essence du film de Pasolini est le rapport à l'acteur, à l'autre, c'est-à-dire à la réalité. Pasolini enchaîne de manière hétéroclite des visages, des corps[4], des souvenirs, des mythes, des civilisations entières avec leur coutume, leur architecture. Ce film est un témoignage sur la corporalité populaire. Le film laisse apparaître, un processus de *visagéification généralisée*, c'est-à-dire, selon les

---

[1] Pasolini s'inscrit dans la lignée de Roger Munier, qui voit dans le cinéma, une forme « d'autodénomination du monde », MUNIER Roger, « Le chant second » in *Revue d'esthétique*, n°2-3, Paris, 1967.
[2] PASOLINI Pier Paolo, « La langue écrite de la réalité », *L'Expérience hérétique*, op.cit., p.185-195. Ce paradigme est constitutif de l'œuvre entière de Pier Paolo Pasolini. Un de ses essais s'intitule « Le discours des cheveux ». Cf. PASOLINI Pier Paolo, « Le discours des cheveux », *Ecrits corsaires*, trad. de l'italien Philippe Guilhon, Paris, Flammarion, 1976.
[3] PASOLINI Pier Paolo, « Signes vivants et poètes morts », *L'Expérience hérétique*, op.cit., p.223.
[4] Cf.PASOLINI Pier Paolo, *Thétis*, trad.de l'italien par Dominique Noguez, in *Pasolini, Revue d'Esthétique*, op.cit., 1992. Ce texte est issu d'une conférence prononcée par Pasolini à la « Mostra del cinema libero » de Porretta Terme, en déc.1973 et publiée dans *Erotisma, eversione, merce*, recueil dirigé par Vittorio Boarini, Bologne, Cappelli, 1974 : « La seule réalité intacte fut celle du corps ». Le corps est, pour Pasolini, l'ultime lieu de la réalité.

termes de Gilles Deleuze et Félix Guattari[1] : « une langue dont les traits signifiants sont indexés sur des traits de visagéité spécifiques »[2].

La réalité par la réalité

Aux yeux du cinéaste et théoricien, le cinéma fait directement sens et signe. Dans *L'Expérience hérétique*, il affirme : « Le cinéma n'évoque pas la réalité, comme la langue de la littérature, il ne copie pas la réalité, comme la peinture, il ne mime pas la réalité, comme le théâtre. Le cinéma *reproduit* la réalité : image et son ! Il exprime la réalité par la réalité. »[3] Le cinéma présente la réalité par la réalité. La réalité est un cinéma en nature. « Si le cinéma n'est rien d'autre que la langue écrite de la réalité, il n'est ni arbitraire ni symbolique : il représente la réalité à travers la réalité. Concrètement, à travers les objets de la réalité qu'une caméra reproduit, moment après moment. »[4] Selon Pier Paolo Pasolini, le cinéma possède la capacité de présenter directement le manifesté par le manifestant, sans faire appel à un symbole conventionnel. Le cinéma désontologise. Il ne peut reproduire l'idée d'arbre, il reproduit un poirier, un sureau, mais non un arbre[5]. Pasolini élabore une critique du naturalisme et une critique des systèmes linguistiques, pensés comme un double (structuré, conventionnel, arbitraire, articulé) de la réalité, qu'ils remplacent par la langue du cinéma, seule apte à traduire la réalité : « En m'exprimant à travers la langue du cinéma – le moment écrit de la réalité – je reste toujours dans le cadre de la réalité : je n'interromps pas sa continuité à

---

[1] DELEUZE Gilles et GUATTARI Félix, « Plateau n°7 : Année zéro-Visagéité », *Mille plateaux, capitalisme et schizophrénie*, Paris, Minuit, 1980, p.205-234.
[2] *Ibid.*, p.206.
[3] PASOLINI Pier Paolo, « La fin de l'avant-garde », *L'Expérience hérétique*, op.cit., p.99.
[4] PASOLINI Pier Paolo, « Sur le cinéma », *L'Expérience hérétique*, op.cit., p.199.
[5] *Ibid.*, p.206.

travers l'adoption de ce système symbolique et arbitraire qu'est le système des signes linguistiques (lin-signes) – qui, " pour reproduire la réalité à travers son évocation ", doit forcément l'interrompre »[1]. Il parle du cinéma comme de la « langue écrite de l'action ». Le cinéma est un langage de l'action, au sens où l'action figure un rapport de représentation réciproque avec la réalité physique. Pasolini identifie la vie et le cinéma. La théorie pasolinienne vise à établir la sémiologie de la réalité, la langue naturelle de la réalité, par le cinéma. Dans le second chapitre de *L'Image-Temps*, Gilles Deleuze inscrit sa réflexion dans la lignée de celle de Pasolini en affirmant que le cinéma opère l'identité de l'image et de l'objet, occupant par là-même la voie de la signifiance. Le cinéma est défini comme une réalité qui « *parle* » à travers ses objets : « Il serait vain d'opposer à Pasolini que l'objet n'est qu'un référent, et l'image, une portion de signifié : les objets de la réalité sont devenus unités d'image, en même temps que l'image-mouvement, une réalité qui " parle " à travers ses objets. »[2] Gilles Deleuze se réfère explicitement à Pasolini : « Pasolini montre à quelles conditions les objets réels doivent être considérés comme constitutifs de la réalité. Il refuse de parler d'une " impression de réalité " que donnerait le cinéma : c'est la réalité tout court[3], […] le cinéma […] indépendamment de tout système langagier, fait des objets réels les phonèmes de l'image, et de l'image le monème de la réalité. […] Pasolini est post-kantien. »[4] *Œdipe roi* participe de ce programme. L'espace filmique offre à un projet théorique un lieu concret. La réalité physique du film s'identifie à la réalité physique du monde. Le cinéma s'y donne comme art de l'enregistrement des visages, des corps, respiration des cœurs et de la nature. Pasolini nourrit *Œdipe roi* d'une grande présence sensorielle, d'une matérialité incontestable : ce film s'abreuve d'instants et de

---

[1] *Ibid.*, pp.199-200.
[2] DELEUZE Gilles, « Récapitulation des images et des signes », *L'Image-Temps*, op.cit., p.42.
[3] PASOLINI Pier Paolo, « La langue écrite de la réalité », *L'Expérience hérétique*, op.cit., p.170.
[4] DELEUZE Gilles, « Récapitulation des images et des signes », *L'Image-Temps*, op.cit., note 8, p.42-43.

bruits qui circulent, il relève de l'art du portrait. La caméra agit comme un double du monde : apparition de chair, les corps sont soustraits à la fiction. Pasolini demeure dans la conscience du monde qui impose sa présence diffuse, ses pulsations, dans la scansion d'éclats visuels et sonores. Les plans resserrés sur les visages et les gestes des personnages font surgir le réel. Se réalise alors l'événement de l'indissociabilité de l'image et du réel. Pasolini est sensible au langage de la présence physique, qui manifeste directement ce à quoi il s'identifie.

Dans un article de *Stanze, parole et fantasme dans la culture occidentale*, intitulé précisément « Œdipe et le Sphinx »[1], Giorgio Agamben explicite l'unité expressive du manifestant et du manifesté à partir d'une analyse du mythe d'Œdipe. L'article, qui constitue le chapitre premier de la quatrième partie de *Stanze*, « L'image perverse : la sémiologie du point de vue du Sphinx », est consacré à la question du symbole et à sa liquidation par Œdipe. Dans le symbole, il y a dualité du manifestant et du manifesté, que « les Grecs ont figurée dans un mythologème »[2], qui, poursuit Agamben, reste, dans l'interprétation psychanalytique du mythe d'Œdipe, obstinément dans l'ombre : l'épisode du Sphinx. La résolution par Œdipe de l'énigme du Sphinx est un blasphème contre le symbolique, à laquelle il oppose une parole claire, qui exprime en termes propres : l'énigme du Sphinx. Œdipe répond « l'homme » à cette énigme « Qu'est-ce qui a quatre pattes le matin, deux pattes à midi, trois pattes le soir ? » Cette résolution de l'énigme, « paradoxe d'une parole qui se rapproche de son objet en le tenant infiniment à distance »[3], montre « le signifié caché derrière le signifiant énigmatique »[4]. Œdipe, en résolvant l'énigme, s'oppose à la puissance du symbolique. D'un côté, se trouve le discours symbolique du

---

[1] AGAMBEN Giorgio, « Œdipe et le Sphinx », « L'image perverse : la sémiologie du point de vue du Sphinx », *Stanze, parole et fantasme dans la culture occidentale* », trad. de l'italien Par Yves Hersant, Paris, Payot et Rivages, 1994.
[2] *Ibid.*, p.229.
[3] *Ibid.*, p.230.
[4] *Ibid.*

Sphinx, dont l'essence est le déchiffrement et la dissimulation, et de l'autre, se situe Œdipe qui déchiffre en termes propres. Toute la question de la suppression de la barrière entre manifesté et le manifestant se place, pour Agamben, nécessairement sous le signe du mythe d'Œdipe[1]. Ce paradigme mythique est repris par Pasolini dans *Œdipe roi*. Entre le mythe d'Œdipe, tel qu'il est analysé par Giorgio Agamben, la théorisation par Pasolini du cinéma comme « langue de la réalité », et sa pratique dans *Œdipe roi*, il peut être opéré de nombreux rapprochements. Le cinématographique, ainsi figuré par Pasolini, désacralise, dénaturalise. Le cinéma n'est pas symbolique, il présente directement ce à quoi il s'identifie. De plus, Pasolini identifie l'écriture cinématographique et les langues primitives cunéiformes. Or, si on remonte aux sources de la mythologie, s'exhibe une proximité entre la mythologie d'Œdipe et la question de l'écriture cinématographique. L'écriture alphabétique fut inventée, selon la tradition grecque, par l'ancêtre d'Œdipe, Cadmos. Le fils de Cadmos, Polydore, est aussi appelé *Pinacos*, « l'homme aux tablettes écrites », et Labdacos, père de Laïos, tire son nom de la lettre lambda.

Un système de signes

L'unité expressive, immédiate et non abstraite, du manifestant et du manifesté dans le cinématographique, « la langue écrite de la réalité » est un système de signes. Les mots eux-mêmes sont des signes physiques. On peut parler, à la suite de Pasolini, d'un « système de signes mimiques »[2]. Dans ce système, les choses se voient, sont visuelles, sonores, sensibles en même temps qu'elles signifient. Mais au sein de ce processus, Pasolini exacerbe une césure, un schisme. Il exhibe l'essence schizophrénique de ce régime fondé sur l'union étroite du film et de leur objet.

---

[1] *Ibid.*, p.232.
[2] PASOLINI Pier Paolo, « Le cinéma de poésie », *L'Expérience hérétique*, op.cit.

LA DUALITE DU SIGNIFIANT ET DU SIGNIFIE

Œdipe roi instaure une dualité entre signifiant et signifié. Il exprime en faisant directement sens et signe, mais c'est précisément parce que le signe est double et brisé qu'est possible la signification.

La schize du « cinéma de poésie »

Dans *Œdipe roi*, le processus de réalisation est visible. Le film expose la genèse de la création, tient ensemble le geste producteur et ce qu'il produit. Dans cette forme élaborée du miroir qu'est le cinéma, le miméticien est devenu parfaitement visible. La présence de l'auteur est manifeste : Pier Paolo Pasolini apparaît comme cinéaste.
Il développe un style[1] par lequel il fait « sentir » la caméra.
A l'acmé du film, pendant la séquence du meurtre du père, le soleil éclate dans l'objectif. La caméra se fait présence, elle explicite son propre travail. Le terme « caméra » doit être

---

[1] Pier Paolo Pasolini a théorisé cette position apparente de l'auteur à travers ce qu'il nomme le « cinéma de poésie ». Il perçoit dans le cinéma la possibilité d'un exercice de style qui révèle la prédominance absolue du spectacle esthétique sur l'histoire et les personnages : « Le cinéma de poésie est un récit structuré en sorte qu'il y ait de toutes façons une prédominance de l'expressivité ou de la recherche stylistique, c'est-à-dire de la forme, qu'il s'agisse de la forme même du scénario ou de la psychologie des personnages, ou qu'il s'agisse de la forme de langage typique du film. » Cette citation, tirée de la communication de Pasolini à la *Mostra del nuovo cinema* de Pesaro de 1966, fut ensuite publiée dans *Nuovi argomenti* en avril-juin 1966, puis éditée avec la suppression d'environ deux pages relatives au rapport roman-film et au cinéma de poésie, sous le titre modifié de « La langue écrite de la réalité » dans *L'Expérience hérétique*, op.cit., pp.167-196. Cf. également une suite de cette communication dans *Filmcritica*, janv. 1966, n°163. Dans le cinéma de poésie, « le véritable protagoniste est le style », note Pasolini. Cf. PASOLINI Pier Paolo, « Le cinéma de poésie », *L'Expérience hérétique*, op.cit., p.154. Dans le cinéma de poésie, l'effort stylistique est exprimé, la vision est subjective, lyrico-objective.

entendue comme figure de tout le dispositif cinématographique mis au service de la mise en scène.

Dans les premières images du film, la caméra mobile longe une rue, contourne un monument aux morts de la Grande Guerre, s'arrête devant une fenêtre, regarde à travers les vitres, assiste à un accouchement. Barthélemy Amengual note, dans « *Œdipe roi* : quand le mythe console de l'Histoire », que diverses scènes s'entrechoquent, toujours saisies comme de derrière une glace sans tain, ramenées au schématisme non par stylisation ni par souci de didactisme[1]. Le nouveau-né apparaît, en effet, pour la première fois à l'image tenu par les pieds, à l'intérieur d'un magnifique sur-cadrage donnant l'accouchement dans la partie droite de la fenêtre du balcon. Le sur-cadrage renvoie le spectateur en-dehors des choses, l'assignant à l'impitoyable extériorité du témoin. La mise en scène s'exhibe comme telle.

Dans la scène 21 de la partie mythique[2], lorsque Œdipe, sur le parvis du palais, imploré par le grand prêtre, cherche Jocaste enfermée dans la chambre conjugale, des yeux, la caméra fait un panoramique, cerne les murs de l'enceinte, au lieu du traditionnel raccord voyant-vu. Œdipe et Jocaste se voient sans se voir par un très dérangeant décalage fabriqué par le montage. La caméra se fait sentir.

Tout au long du film, les procédés syntaxiques s'effectuent sur un mode régulier : entrées et sorties de champ, raccords dans l'axe et dans le mouvement, donnant la perception d'être au cinéma. Il ne s'agit plus, pour le spectateur, d'être dans l'illusion, mais de croire au film[3].

La post-synchronisation utilisée dans le film produit un effet similaire. Pasolini, en tournant ses films sans prise de son

---

[1] AMENGUAL Barthélémy, « *Œdipe roi* : quand le mythe console de l'Histoire », in *Pasolini I, le mythe et le sacré*, Lettres Modernes Minard, coll. « Etudes cinématographiques, 109-111, p.81.
[2] Cf. « Découpage d'*Œdipe roi* » à la fin du présent ouvrage.
[3] Pasolini commente ce mécanisme dans un commentaire d'*Œdipe roi* : « Je parlais de recul humoristique. Je pourrais aussi bien parler d'esthétisme de l'image…un mélange inextricable d'abandon à la force du mythe, en même temps qu'une grande résistance contre lui », PASOLINI Pier Paolo, « Venise 67 », « Entretien de Pier Paolo Pasolini avec Jean-André Fieschi », *Cahiers du cinéma*, n°195, novembre 1967.

direct, expose un acte de travail, en montrant à l'image de nombreux décalages de l'image et de la voix, il exhibe les mécanismes cinématographiques.

Ce processus est le stylème de ce que Pier Paolo Pasolini nomme « cinéma de poésie ». Le « cinéma de poésie » est une notion inventée par Pasolini pour définir les films dans lesquels le cinéaste fait « sentir la caméra ». Dans une interview accordée à Jean-Louis Comolli en 1965, Pasolini résume l'idée fondatrice du cinéma de poésie : « la langue de la poésie est celle où l'on sent la caméra, de même que dans la poésie proprement dite, on sent immédiatement les éléments grammaticaux en fonction poétique. »[1]

Le cinéma de poésie consiste donc en ceci : « faire sentir la caméra », mais moins par des mouvements d'appareil, des « coups » de zoom ou de caméra portée – c'est-à-dire des manipulations de la caméra proprement dite, que par des effets de montage rendus nécessaires par des changements d'objectifs, par un jeu sur le champ et le hors-champ, c'est-à-dire un « cadrage obsédant » obtenu par un effet de *mise en scène*[2]. Dans son texte sur *Le Désert rouge* d'Antonioni[3], Pier Paolo Pasolini définit les fondements du cinéma de poésie à partir de deux opérations stylistiques obtenues par le montage. Tout d'abord, la succession de deux plans, dont la différence est insignifiante, qui représentent la même situation d'abord de près, puis d'un peu plus loin, ou bien de face puis un peu plus de côté, ou bien encore dans le même axe, mais avec des objectifs différents. Cela produit un effet d'*insistance* qui

---

[1] PASOLINI Pier Paolo, « Le cinéma selon Pasolini », Entretien de Pier Paolo Pasolini avec Jean-Louis Comolli et Bernardo Bertolucci, *Cahiers du cinéma* n°169, août 1965.

[2] Dans le « cinéma de poésie », les rhétoriques de montage prime sur les rhétoriques de cadrage repérées par Pasolini dans son analyse du *Désert rouge*. Par exemple, ces deux ou trois fleurs violettes floues au premier plan, lorsque les deux protagonistes entrent dans la maison de l'ouvrier névrosé, et ces mêmes deux ou trois fleurs violettes qui réapparaissent à la fin du plan, sur le fond, non plus floues, mais absolument nettes. Ou bien la séquence du rêve.

[3] PASOLINI Pier Paolo, « Je défends *Le Désert rouge* », *Vie nuove*, 1er octobre 1960, repris in *Dialogues en public*, trad. de l'italien par François Dupuigrenet-Desrousilles, Paris, Editions du Sorbier, 1980.

devient obsession, « véritable mythe de la beauté fondamentale et angoissante qui serait consubstantielle aux choses »[1]. Deuxièmement, la technique qui consiste à faire entrer et sortir les personnages dans un même plan, ce qui fait que d'une manière tout à fait obsessionnelle, le montage se présente comme une succession de « tableaux »[2] informels, où entrent les personnages qui disent ou font quelque chose, puis sortent en laissant à nouveau le tableau à sa pure et absolue signification de tableau, « de sorte que le monde a l'apparence d'une beauté picturale mythique, que les personnages viendraient envahir, certes, mais en s'adaptant à cette beauté, au lieu de la profaner par leur présence historique. »[3]

Dans l'exposé célèbre du Festival de Pesaro en 1965, Pasolini, dans une communication intitulée précisément « Le cinéma de poésie »[4], distingue le « cinéma de poésie » de ce qu'il nomme « cinéma poétique ». Dans le « cinéma de poésie », la poésie se révèle dans les moyens techniques du film, elle est dans sa langue, dans le « cinéma poétique », elle est « interne » au film. La « poésie interne » du cinéma poétique est reconnaissable dans les « films classiques » de Charlot, Kenji Mizoguchi ou Ingmar Bergman. Les « films classiques », reconnus poétiques par Pasolini, n'appartiennent pas au cinéma de poésie parce que dans ces « grands poèmes cinématographiques », on ne sent pas la caméra. Dans ces films, « la poésie consiste à donner au spectateur l'impression d'être à l'intérieur des choses »[5], dit Pasolini. Le cinéma poétique, s'il peut atteindre la plus grande poésie de contenu, reste lié à un récit classique où la caméra se laisse formellement oublier[6]. Seule compte l'action réelle, on ne sent pas la caméra qui la reproduit. A l'inverse, le processus

---

[1] PASOLINI Pier Paolo, « Le cinéma de poésie », *L'Expérience hérétique*, op.cit., p.148.
[2] *Ibid.*
[3] *Ibid.*
[4] repris dans *Les Cahiers du cinéma*, n°171, oct.1965, et dans *L'Expérience hérétique*, op.cit. « Le cinéma de poésie » est le premier texte sémiologique sur le cinéma.
[5] PASOLINI Pier Paolo, « La musique de film », op.cit.
[6] Cf. DELEUZE Gilles, « Les puissances du faux », *L'Image-Temps*, op.cit., p.194.

le plus violemment expressif du « cinéma de poésie » est celui de la schize. Il introduit une césure au sein du film, s'opposant en cela au schème de la « caméra invisible » du « cinéma poétique ». Hervé Joubert-Laurencin, dans « Genèse d'un penseur hérétique », associe, en partant de la mise en perspective historique du cinéma de Pasolini par Alain Bergala[1], la « caméra invisible » à une figure de liaison[2], qui s'oppose au caractère césurant du cinéma de poésie. Pasolini affirme, à propos du « cinéma poétique » : « le fait que l'on n'y sentît pas la caméra signifiait que la langue adhérait aux significations, en se mettant à leur service. »[3] A l'opposé, dans le « cinéma de poésie », la caméra n'adhère pas aux significations. L'affiliation d'*Œdipe roi* à la théorisation par Pier Paolo Pasolini du « cinéma de poésie » est très nette. Dans le film, l'exhibition de l'appareillage cinématographique distord le lien qui unit la reproduction cinématographique à ce qui est reproduit, le signifiant à son signifié.

Dans *Œdipe roi*, on peut parler d'« un regard jeté dans l'abîme qui s'ouvre entre signifié et signifiant »[4]. Cette citation est extraite de la quatrième partie de l'ouvrage de Giorgio Agamben, *Stanze, parole et fantasme dans la culture occidentale*, intitulée « L'image perverse : la sémiologie du point de vue du Sphinx »[5], dans lequel l'auteur analyse la question du signe dans la sémiologie moderne en la mettant en

---

[1] BERGALA Alain, « Pasolini, pour un cinéma deux fois impur », *Cahiers du cinéma, n°spécial « Pasolini cinéaste »*, 1981, p.9 : La démonstration d'Alain Bergala repose sur la manière dont le cinéma de Pasolini s'éloigne de la modernité des années 60-70 dont il a été le contemporain abusivement amalgamé, et par là-même de ses héritiers (successivement Godard, Bresson, Pialat), la modernité post-Nouvelle-Vague.
[2] JOUBERT-LAURENCIN Hervé, « Genèse d'un penseur hérétique », in PASOLINI Pier Paolo, *Ecrits sur le cinéma*, op.cit., p.27.
[3] PASOLINI, « Le cinéma de poésie », *L'Expérience hérétique*, op.cit., p.153.
[4] AGAMBEN Giorgio, « Œdipe et le Sphinx », *Stanze : paroles et fantasmes dans la culture occidentale*, op.cit., p.233.
[5] AGAMBEN Giorgio, « L'image perverse : la sémiologie du point de vue du Sphinx », *Stanze, parole et fantasme dans la culture occidentale*, op.cit.

rapport avec « Œdipe et le Sphinx »[1]. La sémiologie moderne, dit-il, a fait apparaître le signe comme « double et brisé » : c'est seulement parce qu'il y a division, décollement, qu'est possible la signification. Agamben met en perspective le signe, moderne, et un épisode mythique : l'épisode de l'énigme du Sphinx dans le mythe d'Œdipe. Œdipe, dans le mythe, a résolu l'énigme, unissant en cela le signifiant et le signifié. Or, dans *Œdipe roi*, Pasolini supprime l'énigme : c'est en tuant le Sphinx qu'il parvient à délivrer Thèbes. Or, à ce moment précis de la rencontre d'Œdipe et du Sphinx, Pasolini introduit la post-synchronisation. Cet épisode de la rencontre du Sphinx et d'Œdipe, considéré par Agamben comme portant à son acmé toute théorie de la signification est, dans *Œdipe roi*, fondé sur l'idée de la fêlure. La post-synchronisation est exhibée comme telle, l'image joue sur la rupture, la dissonance de l'image et de la voix. Elle expose une fracture entre signifiant et signifié. Si l'on se reporte au commentaire d'Agamben, c'est seulement lorsque la présence, l'unité sont différées et brisées, que quelque chose comme la signification devient possible.

PLAIE, BLESSURE DU CORPS
MONTAGE, RUPTURES

La primauté accordée dans *Œdipe roi* au montage pose la question d'une différ*a*nce, d'une rupture entre l'image cinématographique et ce à quoi elle renvoie. A travers le montage, Pasolini « dénature » le réel.

---

[1] AGAMBEN Giorgio, « Œdipe et le Sphinx », chap.1, « L'Image perverse : la sémiologie du point de vue du Sphinx », *Stanze, parole et fantasme dans la culture occidentale*, op.cit.

PLAIE DU CORPS

Œdipe roi est un découpage de chair. L'insistance de la caméra sur les corps révèle sous la peau un corps fragmenté et palpitant : boucherie, porcherie, ricanement de gouaille, supplice, abattoir, exercice de la cruauté. Les corps sont morcelés, éclatés, écartelés, tronqués et rejetés dans un hors-champ qui n'est pas seulement hors du plan mais est contenu en son antre. Tout comme il redoute le langage articulé, Pasolini désarticule le corps. L'ajointement des fonctions et des membres, le travail et le jeu de leur différenciation constituent à la fois la membrure et le démembrement du corps. Pasolini délite l'unité du corps.
L'insistance de la caméra sur les corps ne les centre plus mais les découpe. Dans une série de gros plans très rapprochés, les personnages sont filmés de front, le regard fixé vers la caméra et le spectateur. Ce regard n'est pas un regard contemplatif sur la réalité, serein et apaisant, ni un regard introspectif, mais un retour du regard sur le regardant, isolant avant tout les personnages de leur décor. Après la visite d'Œdipe à l'oracle de Delphes, une suite de gros plans d'Œdipe inaugure la rencontre du regard et du fond, l'alliance de la pure lumière noire de son regard, l'excès de matérialité du trait et du désert. L'opération de montage joue le rôle d'une verticalité contrapuntique entre les gros plans et le paysage. Pasolini extrait le trait expressif de lumière noire des formes déterminées du visage, contour de l'œil ou d'une paupière. La déformation des focales du gros plan fait basculer l'esthétique traditionnelle. Les gros plans d'*Œdipe roi* participent de ces courants inouïs du gros plan cinématographique, repérés par Raymonde Carasco dans « Médée et la double vision » : « ceux, sublimes du *Beethoven* d'Abel Gance, par exemple ; ceux, crépusculaires du *Lys brisé* de Griffith, ceux de la Falconetti dans *La Passion de Jeanne d'Arc* où la peau du visage devient corps ; ceux de Godard, tête-ligne d'épaules d'Anna Karina dans *Vivre sa vie,* ou profil-bouquet, pictural, d'Isabelle Huppert, dans *Sauve qui peut (la vie),* flux de lumière et de mouvement, qui, énigmatiquement, " invente du *visage* ", comme disait Joë

Bousquet[1] »[2]. L'œil traverse le cadre, le jette hors-cadre. La forme d'expression devient la matière même du film. Par le principe pictural du montage (de la composition interne de chaque plan comme du montage des plans entre eux), les gros plans de visage réalisés par Pasolini échappent au couple visage-paysage qui serait l'un des binarismes constituants des « machines abstraites de visagéité »[3], définies par Gilles Deleuze et Félix Guattari dans *Mille plateaux, capitalisme et schizophrénie*. Les gros plans absorbés par l'axe tête-ligne d'épaules font surgir l'excessive matérialité de la peau. Le visage de Franco Citti est orienté selon un pôle oriental, barbare, païen, qui s'oppose au pôle occidental, européen, christique[4]. Dans *Œdipe roi*, l'empreinte du visage d'Œdipe s'imprime sur la pellicule. Pasolini neutralise la finitude essentielle d'un visage qui est corps, c'est-à-dire extériorité, localité au sens littéralement spatial de ce mot, origine de l'espace, origine qui ne peut être séparée de la génitivité et de l'espace qu'elle engendre et oriente : origine inscrite. Elle oblitère toute chaleur naturelle au profit d'une violence muette, sourde, caverneuse et cérébrale.

Pendant la séquence de la première nuit d'amour de Jocaste et Œdipe, le visage de Silvana Mangano en gros plan, capté, presque traqué, se fragmente. Une partie de son corps est découpée par le cadre, donnant une impression de fractionnement du corps et de mise en pièces de l'identité. Intervient un hors-champ ni technique ni esthétique, fondé sur la violence morcelée des corps déchirés. Les plans d'*Œdipe roi* sont un tatouage sanglant, un stigmate. Ils rappellent les procédés césurant des vers poétiques. Selon Pasolini lui-même : « Je crois qu'on ne peut pas nier qu'une certaine façon d'éprouver quelque chose se répète d'une manière identique en

---

[1] BOUSQUET Joë, *Lettre à Ginette*, Paris, Albin-Michel, 1980, pp.216-217.
[2] CARASCO Raymonde, « Médée et la double vision », in *Pasolini, Revue d'esthétique*, op.cit.
[3] DELEUZE Gilles et GUATTARI Felix, « Plateau n°7 : Année zéro-Visagéité », *Mille plateaux : capitalisme et schizophrénie*, op.cit., p.207.
[4] Cf. DELEUZE Gilles et GUATTARI Félix, « Plateau n°7 : Année zéro-Visagéité », *Mille plateaux : capitalisme et schizophrénie*, op.cit., p.216 et suiv.

face de certains de mes vers et certains de mes cadrages. »[1] Pendant cette séquence, deux plans s'unissent pour renvoyer le corps du fils aimé, de l'amant, pénétrer le corps de Jocaste, dans l'intervalle, dans la béance du visage et du sexe. Le corps de Citti agit mécaniquement, sans amour ni tendresse, sans âme, comme si chacun des deux sexes était mû selon le rôle qui lui est attribué, dans une séparation infinie et insoluble, où l'union des deux corps semble vouée à ne pas se réaliser. Pureté obscène, messe noire, culte démoniaque, l'érotisme d'*Œdipe roi* communique avec l'abjection de deux corps cloisonnés, qui ne sont pas exposés à partir de leur fusion mais à partir de leur séparation illimitée, de leur caractère sacré, auratique. Les corps divisés, fendus, sont touchés au point où ils succombent. Cette scène procède par fragments, en champs/contrechamps, inspirant un morcellement absolu par éclats, lacérations, explosions organiques. Le corps de Jocaste est soumis, instrumentalisé, porté vers le point d'orgue d'un organe unique et dépersonnalisé, qui invente d'autres corps, littéralement sans organes. Le sexe est ce en quoi culmine le corps, qui s'efface peu à peu, qui tranche, disparaît, dans l'exposition de ce que justement on ne voit pas, un corps émasculé à jamais séparé du pénis masculin. La dissociation est figurée au cœur même de la promesse poétique[2]. La danse cruelle du corps préfigure l'intimité d'une déchirure. La scène inaugurale de division et de trahison est figurée par l'intervalle élargi entre deux corps pourtant intimes et entrelacés. Dans une danse anatomique et cruelle, les membres se libèrent, faisant transparaître l'image du corps non comme un état de fait mais comme un état de guerre, non comme la vieille histoire de ses instincts mais à partir de l'innommé vers quoi il ouvre, eaux d'un accouchement

---

[1] Cité dans l'anthologie des poésies de Pier Paolo Pasolini, *Poesie*, Milano, Garzanti, 1970, p.5.

[2] Hervé Joubert-Laurencin note que l'expression « solution de continuité », expression de la promesse poétique, revient fréquemment dans les écrits de Pasolini : « un peu affadie en français, elle a conservé en italien son sens étymologique, du domaine chirurgical, « plaie, blessure, altération des tissus du corps humain », JOUBERT-LAURENCIN Hervé, « Genèse d'un penseur hérétique », in PASOLINI Pier Paolo, *Ecrits sur le cinéma*, op.cit., p.25.

sanglant, entre-deux corps, endroit intenable, impossibilité véritablement immonde, obscène, proprement irreprésentable.

LE CORPS DU FILM : UN CORPS BEANT, FRAGMENTE

Le corps du film est fractionné, discontinu. *Œdipe roi* est une histoire en fragment. Des césures désagrègent l'agencement de l'œuvre, cherchant sans cesse à provoquer sa rupture. Surprise d'un monument admirablement en ruine, ce film est ordonné autour d'un mouvement merveilleux et terrible, un tourment, une torture, une violence, qui conduisent finalement à la mutilation où tout paraît se révéler, mais où tout cependant retombe dans le vide des ténèbres.

Faux-raccords

Les faux-raccords césurent le film en trois parties. *Œdipe roi* se fonde sur deux faux-raccords spatio-temporels : l'histoire passe de Sacile en 1922 à la Grèce antique puis à Bologne en 1967. Le film est un périple de l'Italie moderne à la Grèce antique, et de la Grèce antique à l'Italie contemporaine. Les faux-raccords divisent le corps du film en un prologue, un épisode central et un épilogue. Dans la dernière scène du prologue, un lit d'enfant se trouve dans une chambre déserte. Un homme habillé en militaire s'approche et empoigne vigoureusement les chevilles du bébé qui s'y trouve. Un insert révèle la pensée de l'homme : « Tu es là pour prendre ma place dans le monde, me renvoyer dans le néant et me voler ce que j'ai. La première chose que tu me voleras, ce sera elle, la femme que j'aime. Tu es même déjà en train de me voler son amour. » La scène se déplace dans la Grèce antique où un enfant est attaché par les chevilles et les poignets à une perche qu'un serviteur de Laïos, roi de Thèbes, porte sur son épaule...Œdipe se crève les yeux. La scène se déplace à Bologne en 1967. Le faux-raccord qui mène de Sacile à Corinthe s'identifie au voyage de retour de Thèbes à Bologne.

La violence apparaît dans l'articulation des plans. *Œdipe roi* s'appuie sur une discordance essentielle, sur le heurt puissant, contenu, de mouvements sans harmonie. Le faux-raccord désigne par sa fissure que le raccord est sorti de lui-même. Loin d'être dissimulé, comme dans la représentation traditionnelle, le raccord s'exhibe comme tel. Le séquençage, les plans en tant qu'ensemble, se défont pour atteindre, non le mode de la dispersion, mais celui de la mise en pièces, du déchirement.

Le rythme de montage devient parfois obsédant : avant la séquence du meurtre de Laïos, un plan est répété deux fois. Dans deux plans contigus, Œdipe marche avec un branchage qui lui sert de couvre-chef. Ces deux plans sont similaires, sauf par une légère différence de focale. Celle-ci est un faux-raccord selon la syntaxe classique. Raymonde Carasco parle de ce stylème comme d'un « bégaiement de la langue cinématographique sur elle-même »[1]. C'est un « processus d'accommodation pupillaire »[2] qui marque le film d'un effet d'écriture spectaculaire.

Dans *Œdipe roi*, il y a de « mauvais » raccords. Lorsque Œdipe arrive à Thèbes, dans les quatre plans précédant sa rencontre avec le Sphinx, est présentée la ville de Thèbes. Or, les différents plans ne raccordent pas (différents ensembles de pierres, différentes lumières). De même, pendant toute la séquence du meurtre du père, le raccord lumière ne s'effectue pas selon les normes traditionnelles : le jour a baissé entre le début et la fin de la scène, scène qui est pourtant, sur le plan narratif et temporel, volontairement brève et abrupte.

Le découpage est érigé en style. Ce style est celui que Pier Paolo Pasolini associe au « cinéma de poésie ». A propos d'*Œdipe roi*, il affirme avoir tourné ce film « comme poète »[3].

---

[1] CARASCO Raymonde, « Médée et la double vision » in *Pasolini*, *Revue d'esthétique*, op.cit., p.76. Raymonde Carasco emploie ce terme à propos de *Médée*. Dans *Médée*, il y a répétition générale du crime, qui se traduit par une répétition presque mot à mot, image par image, de la même séquence. C'est la modification essentielle du film.
[2] *Ibid.*
[3] « Pendant cette période, j'ai tourné de nombreux films, de *L'Evangile selon Saint Matthieu*, auquel j'étais en train de travailler quand a paru *Poésie en forme de rose*, à *Uccellacci e uccellini*, *Œdipe roi*, *Théorème*, *Porcherie*,

Que signifie ici le terme de poète ? Giorgio Agamben, dans un article du *Monde*, daté du 6 octobre 1995, « Cinq des contributions au Festival de Locarno », associe l'opération du montage à la composition poétique. Le montage, dit-il, correspond aux figures poétiques de l'arrêt et de l'interruption entre chaque vers. Le terme de poésie met en exergue l'importance du montage. De même que la poésie introduit des coupes dans et entre les vers, le montage introduit des coupes dans et entre les images. Quelque chose se rejoue similairement entre certains vers poétiques et certaines opérations de montage : les champs/contrechamps, des séquences volontairement courtes, des ellipses dans le récit.

Les champs/contrechamps

Dans *Œdipe roi*, Pasolini privilégie les champs/contrechamps aux figures du plan-séquence[1] ou du panoramique. Les champs/contrechamps de Pasolini sont très particuliers, ils ne correspondent pas aux formes rhétoriques du cinéma hollywoodien ou classique en général. Ils orchestrent des ruptures. Pendant la séquence de la chambre nuptiale, les champs/contrechamps prennent la forme de blocs compacts qui s'entrechoquent, de plans cliniquement élaborés, entre lesquels les événements ont lieu. Dans *Œdipe roi*, le champ/contrechamp est une brèche infiniment ouverte, une cicatrice tendant incessamment à se suturer. Il ne se donne que dans la suspension miraculeuse, la faille, la rupture de la continuité par laquelle tout se produit. Le champ/contrechamp

---

Médée : tous ces films, je les ai tournés " comme poète ". [...] je crois qu'on ne peut pas nier qu'une certaine façon d'éprouver quelque chose se répète d'une manière identique en face de certains de mes vers et certains de mes cadrages », PASOLINI Pier Paolo, cité dans l'anthologie des poésies de Pasolini, *Poesie*, Milano, Garzanti, 1970, p.5.
[1] Pasolini théorise son rejet du plan-séquence dans « Etre est-il naturel ? », rédigé en 1967, l'année de sortie d'*Œdipe roi*. Dans cet article, il bannit le plan-séquence du néo-réalisme. Cf. PASOLINI Pier Paolo, « Etre est-il naturel ? », *L'Expérience hérétique*, op.cit.

de Pasolini est violent, d'une violence qui s'exerce au ciseau – le ciseau du monteur –[1] et abîme les corps. Pasolini exhibe la profondeur ouverte du cinéma. Cette esthétique rappelle l'histoire de la « robe sans couture »[2] racontée dans la Bible, dans laquelle est établi un rapport entre la fermeture et la rupture. Pasolini s'introduit au cœur de l'unicité avec la violence de l'effraction. Le champ/contrechamp morcelle violemment le film et fait surgir un corps ignoble, à la fois fermé et fissuré.

Des séquences courtes

Dans *Œdipe roi*, Pier Paolo Pasolini met en scène des séquences courtes. Sont exposés des fragments d'actions qui révèlent l'importance primordiale accordée par le cinéaste au montage. Leur brièveté produit un effet de découpage du film à deux niveaux. Tout d'abord, avec le montage court, « la récitation de l'acteur – professionnel – finit par être mutilée ou, mieux, coupée en petits morceaux – *spezzettata*, débitée, hachée »[3]. Ensuite, il produit un effet de fractionnement de la continuité du film. Dans la partie mythique, quelques plans segmentent le film : le plan sur la cigogne, le plan sur le serpent, le plan sur Polybe se lavant les pieds. Chacun d'entre

---

[1] Selon Hervé Joubert-Laurencin, dans « Genèse d'un penseur hérétique » : « la violence de Pasolini s'exerce au ciseau – le ciseau du monteur – pas à la " caméra-stylet " (le stylet du tatoueur qu'évoque Alain Bergala lorsqu'il oppose très justement le " fétichisme du réel " de Pasolini, et moins justement son " platonisme", à tout un cinéma de l'" inscription vraie " ayant recours au plan-séquence et au tournage en son direct », JOUBERT-LAURENCIN Hervé, « Genèse d'un penseur hérétique », in PASOLINI Pier Paolo, *Ecrits sur le cinéma*, op.cit., p.35.
[2] « Lorsque les soldats eurent crucifiés Jésus, ils prirent ses vêtements et firent quatre parts, une part pour chaque soldat et la tunique. Or, la tunique était sans couture, tissée d'une pièce à partir du haut ; ils se dirent donc entre eux : " Ne la déchirons pas, mais tirons au sort qui l'aura ", afin que l'Ecriture fût accomplie : " Ils se sont partagé mes habits, et mon vêtement, ils l'ont tiré au sort. Voilà ce que firent les soldats ", *Evangile selon Saint Jean*, **19**, 9-25.
[3] JOUBERT-LAURENCIN Hervé, « De la vie et des marionnettes » in *Pasolini, portrait du poète en cinéaste*, op.cit., p.111.

eux est une sorte d'aberration monstrueuse. Ils ne confèrent pas une vie métonymique au cadre : ils valent pour eux-mêmes comme totalité. Ces plans, détachés des attaches causales et chronologiques du film, préservés de ses rationalisations secondaires, trouent la totalité narrative du film. Dès lors, l'épisode mis en scène est cadré, découpé, ellipsé. Lui est restitué une part d'inassimilable, d'incompréhensible. Le plan est déjà complet, entier en ce morcellement, et d'un éclat qui ne renvoie à nulle chose éclatée. La question stylistique devient celle d'une éthique cinématographique à travers laquelle *Œdipe roi* sort des questions de contenu de sens, qu'il soit psychologique ou politique.

Ellipses du récit

La fragmentation à l'œuvre par l'opération de montage est reconduite sur le plan du récit. Si *Œdipe roi* de Sophocle est une tragédie de la cohérence, de la conséquence, de la logique et de l'enchaînement causal, le récit pasolinien est fondé sur des hiatus. Dans la pièce de Sophocle, les événements s'enchaînent implacablement de la volonté d'Œdipe de guérir Thèbes de la peste qui ouvre l'acte I, jusqu'à la découverte par Œdipe de sa terrible destinée de fils parricide et incestueux. Un événement en entraîne un autre. Ainsi de la mort de Jocaste, terrible conséquence de la découverte de la vérité. Dans le film de Pasolini, des suspensions, des lenteurs interrompent l'action. Le dénouement, par exemple, est suspendu. Les dernières images de Jocaste, qu'on ne reverra que pendue, la présente jouant au jardin avec les servantes. Avant de se tuer, Jocaste cherche seulement quelque chose des yeux. Pasolini n'explique pas : il choisit les moments, les développe ou les condense. La tension dramatique pourtant très forte est sans cesse contrariée, mais est aussi soutenue par les ellipses, les silences. Il s'agit de « ne pas témoigner, se taire »[1] devant l'horreur qui se dévoile. De nombreuses ellipses mettent à mal le développement du récit. Pasolini met en scène une ellipse entre l'arrivée du serviteur de Corinthe qui parle à Jocaste et le moment où Œdipe va voir le berger, laissant le spectateur dans l'ignorance ce qui s'est passé. Cette ellipse est importante, primordiale, car elle concerne la découverte de la naissance d'Œdipe.

Des faux-raccords, très brutaux, s'immiscent entre les plans. Ainsi, dans la séquence qui suit la scène de l'oracle de Delphes, le plan montrant Œdipe seul dans le désert suit immédiatement celui où il s'en allait avec des gens. Œdipe, selon une formule attribuée par Sylvie Pierre, Jacques Rivette et Jean Narboni à *Gertrud* de Carl-Theodor Dreyer, « s'est engouffré dans le faux-raccord »[2]. Dans ce texte, les trois auteurs caractérisent le faux-raccord comme une béance dans laquelle se serait introduit le personnage du film danois, à cause de l'hétérogénéité fondamentale de deux plans placés côte à côte. Comme dans *Gertrud*, dans *Œdipe roi*, le cinéaste inhibe un pan de l'histoire. Une autre séquence subit le même traitement : Œdipe, avant le meurtre de Laïos, a perdu son chapeau et l'a remplacé par du feuillage. Le chapeau, avant le meurtre, « a disparu dans la collure »[3]. Les actes et les événements sont déliés de leurs causes.

Dans le prologue, sont introduites plusieurs ellipses temporelles : le spectateur assiste à la naissance de l'enfant, qu'il retrouve un peu plus vieux, puis à nouveau, un peu plus tard dans le récit, un peu plus vieux, sans que soit précisée quelque indication temporelle.

Le poids anti-naturaliste des silences et des pauses s'insère dans des séquences qui débutent sans aucune négociation avec le contexte et cessent sans plus de ménagement. L'ellipse n'est pas seulement un trait d'économie ou d'élégance narrative,

---

[1] Ces paroles sont prononcées par Œdipe dans la scène 39 du film : « Il est des choses honteuses qu'il faut taire, ne pas en parler, ne pas en témoigner, se taire ».
[2] NARBONI Jean, PIERRE Sylvie et RIVETTE Jacques, « Montage », *Cahiers du cinéma*, n°240, mars 1969.
[3] *Ibid.*

c'est une véritable absence, un trou noir que rien ne vient suturer.

Dans sa fonction d'organisation de la fiction, le refus de l'énonciation d'assumer des cohérences minimales (temps, lieux) assigne au spectateur une position déficitaire. Prise en cours, abandonnée en plein développement, évidée de son centre, parasitée par une autre action dont on ne saura jamais rien, la séquence elle-même comme unité narrative se manifeste du côté du manque, chaque scène laisse une question ouverte. L'ellipse dans *Œdipe roi* n'invite pas à un travail de l'imaginaire, elle ne renvoie à rien et ne mobilise des hypothèses que secondairement. Se produisent de légères sautes narratives, les situations se manifestent sans que l'on ait perçu leur origine. Les plans sont déconnectés de l'enchaînement causal des péripéties. L'œuvre intègre plusieurs accidents : reprise d'une même image dans deux plans contigus, raccords difficiles. Le récit classique est mis en cause et remplacé par une fragmentation visuelle et narrative où travaillent des manques.

Mouvement, mobilité

Pasolini instaure une conception du cinéma axé sur une essence de la mobilité, construite à partir du montage. La mobilité paradoxale d'*Œdipe roi* précipite la référence au cinéma en général et aux analyses de Gilles Deleuze dans *L'Image-Mouvement et L'Image-Temps* en particulier. Dans *L'Image-Mouvement*, le philosophe affirme que le mouvement cinématographique est produit à la fois par la capacité ontologique du cinématographique à reproduire le mouvement, et par le montage, point d'impulsion d'une image sur la suivante. Selon lui, le paradoxe de l'image mouvement fait la mobilité du film. *Œdipe roi* travaille sur la binarité du mouvement telle qu'elle est exposée par Gilles Deleuze. En effet, la structure labyrinthique du film convertit le décor désertique en un non lieu, un pur lieu du mouvement. C'est le

lieu de la pure mobilité[1], le lieu où le mouvement s'exhibe, c'est-à-dire lieu où le mouvement est donné comme tour. Le mouvement est le véritable principe de composition du film.
Clément Rosset, analysant *Œdipe roi* de Sophocle dans *Le Réel et son double*, voit dans la prophétie oraculaire et la réalisation incontestable du destin la voie droite par excellence : « Si la parole du destin peut être dite " oblique ", la voie par laquelle Œdipe réalise son destin est en revanche la voie droite par excellence : il n'est passé par aucun détour, et c'est peut-être là ce qu'on appelle le " tour " du destin – d'aller droit au but, de ne pas s'attarder en chemin, de tomber pile sur soi-même »[2]. Dans *Œdipe roi*, Pasolini se situe dans une perspective inverse : Œdipe ne va pas droit au but, s'attarde en chemin. Il erre dans le désert, devenu le lieu de l'exode, de l'exil.
Les séquences de la partie mythique revêtent deux formes : soit elles ont un caractère dynamique : les mouvements de caméra sont nombreux, volontairement appuyés, précédant ou suivant les déplacements des personnages, alternant avec des plans d'ensemble du paysage. Pasolini utilise de nombreux travellings flous et subjectifs, des flous, beaucoup de zooms. La caméra portée main, chancelante, vacillante, restitue la fuite d'Œdipe. Le cinéaste capte l'esprit *déambulant* de Ninetto Davoli. Soit les images ont un indiscutable caractère statique, les plans fixes laissant les personnages immobiles se répondre en des champs/contrechamps. Soit, malgré l'immobilisme de certaines séquences, est produite une impression de mouvement. Ainsi, dans la scène 21, dans laquelle le grand

---

[1] La pure mobilité perd tout centre spatial. Or, l'espace est décentré. Guy Fihman évoque cette pure mobilité dans son essai « Deleuze, Bergson, Zénon d'Elée et le cinéma », comme étant l'essence du cinéma, son fondement. Il invite le lecteur à « allumer un projecteur sans même y introduire un film – ou juste un support transparent », afin qu'il constate que « la matière vibratile observée est déjà pulsation, mouvement sans lieux ni images […] [et] que le cinéma, avant de reproduire, produit a priori cette mobilité sans mobile, cette pure propagation ». L'abord du mouvement se dérobe, le mouvement devient sans espace. FIHMAN Guy, « Deleuze, Bergson, Zénon d'Elée et le cinéma » in *Le Cinéma selon Deleuze*, sous la dir. Oliver Fahle, Lorenz Engell, Paris, Presses Universitaires de la Sorbonne nouvelle, 1997, p.71.
[2] ROSSET Clément, « L'illusion oraculaire : l'événement et son double », *Le Réel et son double : essai sur l'illusion*, Paris, Gallimard, 1984, p.38.

prêtre vient implorer Œdipe de libérer Thèbes de la peste, la caméra tournoie au moment où Œdipe lève les yeux vers Jocaste bien qu'il la regarde fixement. Même si le mouvement n'est pas donné naturellement, le panoramique produit l'illusion du mouvement. De même, dans le prologue, dans la scène du pré, l'appareillage cinématographique est comme emporté dans un tourbillon lorsque Pasolini filme les arbres. La caméra bouge alors même qu'elle représente ce que le bébé, immobile, voit. *Œdipe roi* entre, par cette voie même, dans la définition explorée par Gilles Deleuze du cinématographique comme *image-mouvement*. Il opère une mutation cinématographique, en instaurant la mobilité non pas en reproduisant le mouvement, mais en le créant par le médium cinématographique, en faisant de l'appareillage cinématographique un point d'impulsion.

Le parallélisme de l'analyse de Gilles Deleuze et du film de Pier Paolo Pasolini ne s'arrête pas là. Gilles Deleuze considère le cinéma comme un art du mouvement et un art du temps. Dans *L'Image-Temps*, le philosophe développe l'idée que, dans la modernité, le temps s'est subordonné le mouvement. Celui-ci est produit par une nouvelle conception du temps qui apparaît comme tel. Dans *Œdipe roi*, s'expriment, d'une manière qui les changent, les rapports de l'espace et du mouvement temporel. Ce film est animé d'une extrême discontinuité temporelle, il est livré à des changements de temps et à des accélérations, des ralentissements, des arrêts fragmentaires, signe d'une essence toute nouvelle de la mobilité. L'immobilité coïncide avec un bref instant d'incertitude. La course d'Œdipe est réglée dans un décor stationnaire. L'espace est en attente. Il n'est pas, mais *se scande*, *s'intime*, se dissipe et se repose selon les diverses formes de la mobilité. *Œdipe roi* évacue toute représentation de l'instant comme passage ou point, et s'installe dans un paroxysme pour le dilater dans une durée répétitive : ce paroxysme insoutenable ne connaît pas de seuil et englue le cours du temps. Nous sommes ici à l'opposé exact de la conception eisensteinienne du pathétique, liée au dynamisme

temporel du développement extatique. La mobilité d'*Œdipe roi* est fondée sur un décalage temporel[1].
Dans *Œdipe roi*, le mouvement est violence, pétrification. Nous ne sommes pas dans une expérience directe du temps mais devant la force immobilisée de l'enchaînement causal. L'image sublime, la virtualité blanche, finit par happer la structure de déplacement d'Œdipe. C'est en effet à partir du moment où Œdipe tue son père que le mouvement, au sens physique du terme, s'arrête. Après le meurtre, le protagoniste arrive à Thèbes, et toutes les scènes vont avoir lieu dans des endroits clos, confrontant les personnages à une paralysie relative. L'image qui éblouit l'écran après le meurtre de Laïos clôture les déplacements incessants du personnage, sa course, son exil, jusqu'à l'épilogue.

La post-synchronisation

A l'idée du cinéma qui recourt à l'inscription vraie, axée sur le tournage en son direct, Pasolini substitue la post-synchronisation et l'expose comme telle. Il présente violemment ce qui la rend possible. Celle-ci est un faux-raccord de la parole, en exil. Par la post-synchronisation, l'unité du film est anéantie. La parole ne renvoie plus qu'à la nudité informe

---

[1] La proposition de Deleuze confirme cette idée : « Ce qui s'oppose à l'idéal de vérité, ce n'est pas le mouvement. Le mouvement reste parfaitement conforme au vrai tant qu'il présente des invariants, points de gravité du mobile, points privilégiés par lesquels il passe, point de fixité par rapport auquel il se meut. C'est pourquoi l'image-mouvement reste justiciable de l'effet de vérité qu'elle invoque tant que le mouvement conserve ses centres. […] Une mutation cinématographique se produit lorsque les aberrations de mouvement prennent leur indépendance, c'est-à-dire lorsque les mobiles et les mouvements perdent leurs invariants. Alors se produit un renversement où le mouvement cesse de se réclamer du vrai et où le temps cesse de se subordonner au mouvement : les deux à la fois. Le mouvement fondamentalement décentré devient faux mouvement, et le temps fondamentalement libéré devient puissance du faux qui s'effectue maintenant dans le faux-mouvement », DELEUZE Gilles, « Les puissances du faux », *L'Image-Temps*, op.cit., p.186-187.

d'une déchirure insaisissable. Par la post-synchronisation, la parole ne passe plus par le canal du corps, elle est sans rapport avec le corps qui la porte, perte progressive du souffle et de la voix. Effraction violente et fuite évanouissante, ce procédé est la trace d'une dislocation, la nudité informe d'une déchirure, une distorsion. La voix post-synchronisée est à la fois dédoublée et différée. La post-synchronisation délie le corps et la voix, excède dans le corps les limites mêmes du corps. Elle fonctionne selon une verticalité contrapuntique, participant ainsi de la profondeur ouverte de l'image cinématographique. Le faux-raccord de la langue est aussi puissant que les faux-raccords menant de Sacile à Corinthe et de Corinthe à Thèbes. Ni Thèbes, ni Corinthe ne sont la terre natale, la demeure naturelle des choses et des mots en harmonie. Ce procédé est le propre de ce que Gilles Deleuze décrit, dans *L'Image-Temps*, sous le nom de discours indirect libre[1]. Celui-ci inverse les données du discours direct. Dans le discours direct, l'acte de parole entre en interaction avec l'image visuelle, tout en maintenant son appartenance à cette image. A l'inverse, le discours indirect libre dépasse l'opposition du direct et de l'indirect. La voix devient littérale, coupée de toute résonance directe. Il ne s'agit pas d'un procédé réflexif. L'acte de parole a changé de statut. Les éléments de l'image entrent dans un rapport indirect libre, fondé sur l'autonomie du son et de l'image. S'élabore un rapport de non présence des éléments entre eux, inventé par un « va et vient » entre le son et l'image. Gilles Deleuze décrit, sous le nom d'« indirect libre », l'union paradoxale du son et de l'image, prégnante dans le cinéma d'Ozu, dans celui de Jean-Marie Straub, d'Alain Resnais et ou dans celui d'Alain Robbe-Grillet. La post-synchronisation dans *Œdipe roi* produit un effet similaire : l'image sonore naît de sa rupture avec l'image visuelle. C'est précisément cette rupture que théorise Gilles Deleuze : dans l'image moderne, – et pour reprendre ses termes, l'image visuelle et l'image sonore ne sont plus deux composantes autonomes d'une même image audio-visuelle, comme chez Rossellini, ce sont deux images

---

[1] DELEUZE Gilles, « Les composantes de l'image », *L'Image-Temps*, op.cit., p.315 sq.

« héautonomes »[1], l'une visuelle et l'autre sonore, avec une faille, un interstice, une coupure entre les deux. L'acte de parole devient une image sonore à part entière, acquiert une autonomie[2]. Le son est restitué sans représentation, sans image[3]. Il affecte l'image visuelle. L'image sonore, utilisée selon les paramètres du discours indirect libre, a conquis son cadrage.

LA POST-SYNCHRONISATION : UN AILLEURS PHYSIQUE

Dans *Œdipe roi*, la post-synchronisation produit un dédoublement, la voix diffère de l'image. Dans cette dissension des corps et des voix, l'origine sonore est suspecte. Le son est physiquement détaché de l'image, il naît d'un ailleurs physique. La voix perd son identité : le film est dans le mythe. L'impersonnalité de la voix est un appel silencieux à une présence-absence. Elle est liée à l'articulation du visible et de l'invisible. La post-synchronisation soutient son attraction dans l'orbite d'une autre voix, active et cependant absente. Double, divisée, indivisible, elle est l'activité oblique d'une autre voix, sans autre et sans voix, inappropriable et cependant attestable. Elle a le statut paradoxal d'une parole elle-même en défection. Le raccord entre la présence et l'absence est à la fois impossible et imposé. Vaine, la parole y est en même temps vorace, la voix s'exhibe, et en s'exhibant, exile le sujet en qui elle parle. Les effets de la post-synchronisation jalonnent le film. Trois post-synchronisations sont emblématiques du statut que leur accorde Pasolini dans le film : la voix post-synchronisée de Tirésias lorsqu'il dit : « devenu aveugle et mendiant... » dans la scène 25 de la partie mythique, la voix post-synchronisée du

---

[1] DELEUZE Gilles, « Les composantes de l'image », *L'Image-Temps*, op.cit., p.327. La distinction « autonomie-héautonomie » vient de Kant dans *La Critique de la faculté de juger*, introduction, § 5.
[2] *Ibid.*, p.316.
[3] Cf. BALAZS Belà, *L'Esprit du cinéma*, trad. de l'allemand par J-M. Chavy, Paris, Payot, 1977, p.244.

Sphinx dans la scène 16, la voix post-synchronisée de l'oracle dans la séquence 7. Dans la scène 25, lorsque le prophète Tirésias annonce à Œdipe qu'il est l'assassin qu'il recherche, les lèvres qui portent le discours sont dissociées des paroles prononcées. Il y a un décalage entre le corps et la voix. Dans la scène 16, le Sphinx parle derrière un masque qui symbolise un visage mi-humain, mi-animal. Sa voix caverneuse semble sortie d'outre-tombe ou venir d'ailleurs, d'un hors-champ (im)matérialisable. Le procédé de la post-synchronisation est explicitement mis en valeur. A travers la profondeur de la voix, Pasolini montre que ce n'est pas l'acteur incarnant le Sphinx qui parle. Dans la scène 7, le rire de l'oracle est visiblement lui aussi post-synchronisé. Deux voix se mêlent pendant que l'oracle clame la prophétie. La voix change, est métamorphosée, à partir du moment où elle dit : « Ainsi a parlé le dieu et cela s'accomplira. Maintenant va-t-en d'ici, tu souilles les gens par ta présence. » La post-synchronisation se fonde, dans cette séquence, sur l'étrange syntaxe d'un discours indirect libre qui suppose deux voix et exhibe la distinction vocale. Le processus de la post-synchronisation est la trace fulgurante d'un exil. Il relève d'une syntaxe de l'*indirect* qui remet en question l'idée d'une présence cinématographique. Gilles Deleuze explique ce processus à partir des films de Robert Bresson. Dans le cinéma bressonien, commente-t-il, la voix du « modèle » produit un discours indirect libre : le personnage parle comme s'il écoutait ses paroles rapportées par un autre, la voix est littérale, coupée de toute résonance directe[1]. L'analyse de Michel Chion explicite ce mécanisme : « Le modèle bressonien parle comme on écoute : en recueillant au fur et à mesure ce qu'il vient de dire en lui-même, si bien qu'il semble clore son discours au fur et à mesure qu'il l'émet, sans lui laisser la possibilité de résonner chez le partenaire ou le public (…). Dans *Le Diable probablement*, aucune voix ne résonne plus. »[2] L'acte de parole se replie sur lui-même,

---

[1] Cf. DELEUZE Gilles, « Les composantes de l'image », *L'Image-Temps*, op.cit., p.315.
[2] CHION Michel, *La Voix au cinéma*, Paris, Cahiers du cinéma / Editions de l'Etoile, 1982, p.73.

devient une image sonore à part entière, devient autonome. Bresson crée une « voix blanche » dans laquelle se fondent les diverses intonations. A l'image qui coupe le récit, répond une voix qui donne et soustrait en même temps du corps à l'image. Pour Gilles Deleuze, plus que le cadrage ou le montage, cette voix représente exemplairement le cinéma « pur ». Une neutralité de la voix est attribuée à des corps qui la dénaturent en retour. Un automatisme sépare l'image du mouvement, une voix creuse le visible. *Œdipe roi* met en scène le paradoxe d'un indirect libre comme chez Robert Bresson, mais par la voie inverse. Dans *Œdipe roi*, la parole n'est pas neutre, elle est abîmée. La parole, post-synchronisée est *mimèsis*. Examinée sous sa forme restreinte dans le Livre III de la *République*, la *mimèsis* est ce mode d'énonciation où l'énonciateur véritable – le producteur du discours – n'est pas là, présent, pour assurer son discours, le garantir et en répondre, le cas limite étant représenté par l'énonciation dramatique (mimétique), le travail de l'acteur. Dans ce mode, l'auteur véritable n'est pas là, présent, pour assurer son discours. Le discours mimétique est un discours qui n'est pas d'autorité, qui n'assume pas la responsabilité de son énonciation. Il est sans auteur, anonyme, et prononcé – c'est-à-dire récité au nom de personne[1]. Il correspond fondamentalement à une absence, à une impropriété. La post-synchronisation porte la *mimèsis* à son comble parce qu'une voix parle en lieu et place d'un corps autre.

Ce qui est particulièrement troublant dans *Œdipe roi* concerne la particularité des trois séquences dans lesquelles Pasolini exhibe le procédé de la post-synchronisation. La première est la séquence de l'oracle de Delphes, la seconde est la scène avec le Sphinx, la troisième est la scène où le prophète Tirésias déclare la vérité à Œdipe. Tirésias, l'oracle et le Sphinx sont trois figures mythologiques, qui représentent le Savoir, la Vérité. En post-synchronisant les discours du Savoir, Pasolini voue les

---

[1] Pour Jean-François Lyotard, l'apocryphe constitue l'essence de la *mimèsis* telle qu'elle est déterminée par Platon. Elle est plus importante que la subordination au modèle, à l'idée ou à l'essence, incriminée dans le platonisme. Cf. LYOTARD Jean-François, *Au Juste*, Christian Bourgois éditeur, 1979, p.72.

paroles prophétiques à l'éclatement, à la dissolution. Tirésias est le prophète qui ne détient plus la vérité, mais déclame une vérité. La Parole s'expose comme originairement figurée, tropique, (originairement métaphorique), comme inadéquate, abstraite. Elle se manifeste comme un récit des origines et de la chute, un récit dont l'histoire est celle d'une maladie, une agonie du discours qui est *la* métaphore elle-même, l'origine du langage comme métaphore, où l'Etre et le Rien, conditions de la métaphore, ne se disent jamais eux-mêmes : équivocité première et infinie du signifiant. Giorgio Agamben, dans son texte consacré à « Œdipe et le Sphinx »[1], évoque le dédoublement du signifiant en définissant l'intention emblématique. Celle-ci distord le lien qui unit toute créature à sa forme, tout signifiant à son signifié. Agamben évoque la dualité originaire de la conception métaphysique du signifier dont va user Pasolini à travers la post-synchronisation, en traçant une ligne qui unit les signifiants et leurs emblèmes dispersés. Ces liaisons ne sont pas dans le film, elles sont le film, elles exhibent son contenu mimétique, son contenu mythique ou mytho-poïétique.

A travers le mimétique, Pasolini réévalue le « narratif ». Derrière cette réinspection du « narratif » (du mimétique) par Pasolini, se perçoit l'écho de la « dramatisation » à la Deleuze.

Gilles Deleuze, dans le sixième chapitre de *L'Image-Temps*, « Les puissances du faux », revendique une *mimèsis* généralisée au titre du paganisme – de la vie en narration. La *mimèsis* généralisée est élaborée au titre de la modernité, cet espace libéré par la décomposition des grands récits et où ce qui reste, et peut alors proliférer, est le « récitatif », le libre jeu des pratiques de langage en tant qu'il est commandé, jusque dans l'obligation de répondre et de prescrire, par le modèle narratif-mimétique, et l'impératif d'avoir à ré-citer des récits dont personne n'est l'auteur. C'est à partir des films de Jean Rouch que Deleuze explicite la dramatisation propre à la modernité. *Moi, un Noir* dresse le portrait d'un groupe d'adolescents traversant les mythologies du cinéma de consommation

---

[1] AGAMBEN Giorgio, « Œdipe et le Sphinx », *Stanze, parole et fantasme dans la culture occidentale*, op.cit.

populaire tel qu'il était distribué en Afrique coloniale. Les surnoms que les protagonistes se donnent à eux-mêmes sont tout un programme : Eddie Constantine, Edward G. Robinson, Tarzan, Dorothy Lamour. Les personnages se racontent à travers les légendes et les mythes sur lesquels ils se sont construits. La genèse du groupe se rejoue alors au présent tandis que se refondent sa cohésion et sa nécessité. *Moi, un Noir* est la formalisation d'une expérience par ses protagonistes à travers des récits. Le film est la mise en intrigue, par un groupe, de sa propre histoire et la fictionnalisation de personnes devenues personnages en inventant leur propre histoire. Ces histoires échappent en partie à l'autorité du metteur en scène. Il n'y a pas de *scénariste*, il n'y a pas d'*auteur* non plus. Et pourtant, il y a distribution des rôles sans directeur artistique. Les personnes interrogées sont des *acteurs documentaires*. Les « acteurs-auteurs » improvisent, s'impliquent. Comme Pierre Perrault, Jean Rouch fabule ou fait fabuler ses personnages de manière à ce que le mensonge de la fable se constitue en pure vérité de cinéma. Pour Gilles Deleuze, la fabulation, telle qu'elle est mise en scène par Jean Rouch, correspond à une avancée radicale de la modernité. Dans le « cinéma-vérité », explique-t-il, le cinéma se charge de saisir le devenir du personnage réel quand il se met lui-même à « fictionner », « quand il entre en flagrant délit de légender »[1]. Dans *Moi, un Noir*, précise Deleuze, les personnages réels, quotidiens, sociaux, sont montrés à travers leurs rôles, en train de fabuler. Ainsi, il considère l'acte de parole, chez Rouch – ou chez Pierre Perrault, comme un acte de fabulation. Gilles Deleuze se reporte aux formes qui récusaient la fiction, telles que le cinéma de réalité, le pôle documentaire ou ethnographique, l'enquête ou le reportage. Le cinéma de réalité réclame *ou* de montrer objectivement des milieux, situations ou personnages, *ou* de montrer subjectivement la vision des personnages, la manière dont ils voyaient leur situation, leur milieu, leurs problèmes. Le « cinéma-vérité », justifie-t-il, n'élimine pas seulement la fiction, il la libère du modèle de vérité qui la pénètre et

---

[1] DELEUZE Gilles, « Les puissances du faux », *L'Image-Temps*, op.cit., p.196.

retrouve la pure et simple fonction de fabulation qui s'oppose à ce modèle. Il revendique la fabulation en tant qu'elle donne au faux la puissance qui en fait une mémoire, une légende, un monstre. Deleuze étaye sa démonstration en affirmant que le cinéaste intercède entre des personnages réels qui remplacent en bloc ses propres fictions par leurs propres fabulations[1]. Les personnages, dit-il, « sont fictionnels sans pour autant être des êtres de fiction »[2]. En premier lieu, le personnage a cessé d'être réel ou fictif. Il invente en tant que personnage réel, et devient d'autant plus réel qu'il a mieux inventé[3]. En fabulant, le personnage *s'affirme* comme réel et non fictif. Le cinéaste donne à ces fabulations la figure de la légende, en opère la « mise en légende ». Cet idiome constitue dans *Cinéma 2*, une des problématiques essentielles de la modernité telle qu'elle est définie par Gilles Deleuze, les puissances du faux. Pour Gilles Deleuze, le faux est « métamorphose du vrai. Ce que l'artiste est, c'est créateur de vérité, car la vérité n'a pas à être atteinte, trouvée ni reproduite, elle doit être créée. »[4] L'analyse deleuzienne de *Moi, un Noir* évoque cette formule énoncée par Jean-Luc Godard à propos d'*Orphée* de Cocteau : « Cinéma-vérité du cinéma mensonge »[5]. Il faut souligner que l'importance de ce film pour Godard est évidente : dans *Vivre sa vie*, le personnage de *Nana* s'invente par de multiples récits – « Je raconte ma vie » dit-elle, « c'est lamentable ».

---

[1] Sur la fonction de fabulation et la manière dont elle dépasse le réel et le fictif, sur le rôle et la nécessité des « intercesseurs », Gilles Deleuze renvoie à l'entretien accordé par Pierre Perrault à René Allio, in *Ecritures de Pierre Perrault* : actes du colloque « Gens de paroles », 24-28 mars 1982, Maison de la Rochelle, Cinémathèque québecoise, coll. « Dossiers de la Cinémathèque », p.54-56. Cf. DELEUZE Gilles, « Les puissances du faux », *L'Image-Temps*, op.cit., p.196, note 30.
[2] LAFOND Jean-Daniel, « L'ombre d'un doute » in *Ecritures de Pierre Perrault*, op.cit., p.72-73. Jean-Daniel Lafond présente le cinéma de Perrault comme art de la « feinte ». Cité in DELEUZE Gilles, « Les puissances du faux », *L'Image-Temps*, op.cit., p.196, note 30.
[3] DELEUZE Gilles, « Les puissances du faux », *L'Image-Temps*, op.cit., p.198.
[4] *Ibid.*, p.191.
[5] GODARD Jean-Luc, « *Orphée*. Jean Cocteau », *Cahiers du cinéma*, n°152, fév.1964, « Le chiffre sept, hommage à Jean Cocteau ».

SCHIZE D'ŒDIPE

Œdipe, dans *Œdipe roi*, apparaît non comme un simple personnage, encore moins comme un concept, mais comme une idée, marquée non plus par l'unité initiale, mais par la schize. Il ne s'agit pas seulement de comprendre Œdipe à partir de sa structure schizophrénique mais de le percevoir comme accès exemplaire à l'essence de la schizophrénie cinématographique.

ŒDIPE COMME SIGNE

Pier Paolo Pasolini fait d'Œdipe un signe, toujours double et brisé. Dans *Œdipe roi*, il n'y a pas d'interrogation psychologique possible du personnage. Pasolini rompt avec la tradition romantique qui voyait en lui un caractère excessif, une trop forte nature, proie idéale pour la psychologie des profondeurs qui s'intéresse aux passions démesurées et à l'intransigeance narcissique des pulsions. Il ne le soumet pas à une interrogation psychologique, mais à une interrogation *sémiotique, là où est fondé le signe*. Il n'est pas dénaturé, il est sur-naturé. Le personnage Œdipe pose la question du signe dans son rapport nécessaire au corps. Dans les gros plans d'Œdipe, son regard, par une sorte d'excès de matérialité, de noir des yeux porté à incandescence, fait basculer toute signification (psychologique ou symbolique). Son visage, réduit à un pur trait de lumière noire, donne aux gros plans une individualité – cinématographique et théorique – qui semble irréductible au seul système « mur blanc, trou noir » de la « machine abstraite de visagéité » qui, selon Gilles Deleuze et Félix Guattari, dans *Mille plateaux, capitalisme et schizophrénie*, produirait le visage (et le gros plan)[1], entendu comme substance univoque d'expression et de signification.

---

[1] Cf. DELEUZE Gilles et GUATTARI Félix, « Plateau n°7 : Année zéro-Visagéité », *Mille plateaux, capitalisme et schizophrénie*, op.cit.

MELANCOLIE D'ŒDIPE

Pasolini fait d'Œdipe un modèle énigmatique, il restitue le modèle à l'énigme de la rupture qu'il fut lui-même. Le corps de Citti est sans visage, sans identité, il est trop beau, il porte l'aphasie, un sentiment de tristesse qui allie en une même communauté une chair réduite en lambeaux et la misère qui le souille et l'anéantit. La stature de Franco Citti, son visage païen, barbare, vérité impensable de l'expérience vive, n'ouvre qu'à de misérables lézardes. L'expérience elle-même s'y montre en silence. Le visage luit dans sa nudité. Il est séparation, athéisme naturel, vérité de mensonge. Il est trace. La stature de Citti meurt de son propre excès. Elle perd trace d'elle-même. Le corps d'Œdipe est fragmenté, en éclats. Il se dissout. Son corps ne prend plus. Il ne lui appartient plus. Il ne peut pas se décrire, il ne peut que s'écrire, il est troué, éclaté, en dissolution. Essentiellement en fuite, sans nom et sans figure, Œdipe passe. Seule son ombre traverse l'image tandis que des chants au loin accentuent ce silence dont il fait son corps, oublieux, délié, c'est-à-dire absolu. Le flou place Œdipe en posture d'altérité immédiate et absolue, Il est l'autre, un indéterminé – *aoriston* – dont l'esprit se mêle à sa propre abjection, à la chute dans le non-être, dans cet informe que Plotin désigne en collant au neutre singulier de l'article, le pluriel neutre de l'adjectif substantivé « autre » : *to alla*, le disséminé en autres. Le visage de Citti est défiguré, il est infigurable. Hors toute psychologie, il ne change pas, il passe simplement d'un état à un autre, sur les traces d'une barbarie fondamentale. *Œdipe roi* traverse des corps, non pour les unifier, mais pour les pétrifier dans l'effroi d'Œdipe, et faire cesser tout mouvement en un point d'arrêt. Dans la scène finale de la partie mythique, Œdipe surgit devant l'assemblée, les yeux meurtris, ensanglantés. Sa dépouille est déjà en voie de décomposition. Dans le scénario du film, Pier Paolo Pasolini rend compte de cette inhumanité fondamentale en décrivant la scène de rencontre de Laïos et d'Œdipe : « Le père d'Œdipe et Œdipe se regardent longuement chacun attendant de voir ce que fera l'autre. Une haine profonde, sans raison, défigure leurs traits : quelque chose d'inhumain et d'hystérique. »[1]

ŒDIPE COMME FIGURE ABSENTE

Œdipe est une figure absente. Il appartient à l'espace du *rien*.
Œdipe incarne la figure de l'exilé. Personnage perpétuellement en fuite, égaré dans un monde qui n'entend que la surdité du désert, il court, affolé, éperdu sur la terre craquelée, désertique et désertée. Il ne voit que ses perpétuelles floraisons de mirages, il tremble, excédé par son propre néant.
Les toutes premières images de la partie mythique placent Œdipe dans l'espace de l'intervalle, du faux-raccord. Œdipe n'appartient pas à l'image. Il en est dessaisi. Le premier plan de l'épisode central montre Œdipe, enfant, hurlant, les pieds et poings liés au bâton du berger de Laïos, sur le Mont Cithéron. Puis, Pasolini, dans les plans suivants, absente le bébé de l'image. Celui-ci disparaît de l'écran au profit de champs/contrechamps montrant le berger de Corinthe et le berger de Thèbes se regarder longuement sans savoir à quelle distance ils se trouvent l'un de l'autre. Œdipe est placé *entre* cette confrontation visuelle, *entre* les plans.
Le personnage Œdipe surgit de la béance. Les premières images du film présentent la naissance d'Œdipe. A travers la fenêtre, le spectateur assiste à l'accouchement de Jocaste. L'enfant sort littéralement de ses jambes écartées. Le sexe de la mère qui donne la vie est démesurément élargi par la tête du bébé. De même, le sexe de Jocaste, dans l'épisode central, insère Œdipe dans une expérience extatique. Œdipe pénètre au plus profond de sa femme/mère. Il appartient aux entrailles maternelles, matérielles. Pendant les scènes d'amour, Œdipe s'empare de Jocaste dans une transe quasi-mystique. Il se ressource dans le sexe de sa mère qui pourtant le porte jusqu'à la crise, le consume et l'anéantit. Le sexe de Jocaste ravit celui d'Œdipe

---

[1] PASOLINI Pier Paolo, Scénario d'*Œdipe roi*, *L'Avant-scène cinéma*, n°97, novembre 1969.

qui se brûle et s'embrase jusqu'à ce qu'il devienne plaie, béance, ouverture, comme le corps christique, *comme* ce corps que l'on sait enflé aux pieds. Selon Pasolini lui-même, les pieds d'Œdipe sont « le symbole du sexe »[1], un sexe qu'on ne verra jamais. Lorsque le berger de Corinthe amène Œdipe à Polybe, un plan attire l'attention sur les « petits pieds enflés » de l'enfant, qui sont montrés aux dépends du visage, renvoyé hors-champ, comme s'il était volontairement situé hors de l'image.

Le rire qui surgit de l'orifice d'origine de la bouche, transforme Œdipe en rien. Dans la scène de la prophétie de Delphes, un gros plan sur le visage masqué de l'oracle laisse seulement percevoir le gouffre de sa bouche ouverte. Elle rit. Dans *Six fragments en hommage à Pier Paolo Pasolini*, Dominique Noguez précise que Pasolini demandait toujours à ses acteurs de rire. Dans presque tous ses films, note-t-il , il y a des rires, qui font mal parce qu'on ne peut pas ne pas sentir tout ce qu'ils ont de forcé[2]. L'impudeur de l'oracle de Delphes s'esclaffant devant Œdipe renvoie à l'épisode mythologique de Déméter à Eleusis, relaté par Freud :

« D'après la mythologie grecque, Déméter à la recherche de sa fille enlevée, arriva à Eleusis et fut reçue par Dysaules et sa femme Baubô, mais dans son deuil profond, elle refusa nourriture et boisson...Alors, en relevant sa robe et découvrant son ventre, l'hôtesse Baubô la fit rire. »

Baubô relève sa robe et laisse découvrir le trou, le vide, la béance de son sexe. Cette anecdote n'est pas sans rappeler un aphorisme de Georges Bataille, extrait de *L'Expérience intérieure* : « Je désire retirer les robes des filles, insatiables d'un vide au-delà de moi-même où sombrer. »[3] Le rire de l'oracle de Delphes face à Œdipe scinde celui-ci en deux.

---

[1] PASOLINI Pier Paolo, « Enigmes. Grandes énigmes...Petites énigmes », *Entretiens de Pier Paolo Pasolini avec Jean Duflot*, op.cit., p.107.
[2] NOGUEZ Dominique, « Six fragments en hommage à Pier Paolo Pasolini » in *Pasolini, Revue d'esthétique*, Hors Série, édition revue et augmentée du n°3, 1982, Paris, Editions Jean-Michel Place, 1992, p.124.
[3] BATAILLE Georges, *L'Expérience intérieure*, in *Œuvres complètes*, Paris, Gallimard, 1973, V, p.414.

L'éclat de rire est ce rien où sombre absolument toute figure. La monstruosité du rire de l'oracle arrache le protagoniste à sa nature propre, en lui révélant son destin. Il révèle à Œdipe son gouffre intérieur.

La béance d'Œdipe est exhibée par la post-synchronisation. A chaque fois que les acteurs du destin entrent en scène, Pasolini exhibe le procédé de la post-synchronisation. Le Sphinx parle à Œdipe de l'énigme qu'il porte en lui : « Il y a une énigme dans ta vie. Quelle est-elle ? », et Œdipe s'emporte : « Je ne sais pas. Je ne veux pas le savoir. Je ne veux pas te voir…Je ne veux pas t'entendre ! »[1] Ce sont ces mêmes mots qu'il redira, exactement et avec la même fureur, plus tard, à Tirésias lorsque celui-ci fait son entrée dans le cours du destin, ayant regard sur la puissance de la nature qui arrache tragiquement l'homme à sa sphère de vie pour l'entraîner dans la sphère excentrique du monde des morts[2].

Œdipe est d'emblée inscrit dans la disparition par un flou. Il est l'être à fond perdu qui apparaît comme *Abgrund*, abîme. Il devient empreinte. Dans la scène 8 de la partie mythique, qui suit celle de la prophétie oraculaire de Delphes, les déformations des focales du gros plan font que ce que voit Œdipe devient flou. Le flou est un perpétuel mouvement de confection et de défection, l'exercice interminable d'une apparition et de son évanouissement. Il rend Œdipe étranger à lui-même. Le flou est la figure première de la mélancolie d'Œdipe. A travers ce procédé stylistique, Œdipe devient le corps de l'infigurable, une apparition originairement disparaissante qui « tourment[e] dans [son] giron / La même idée / La même absence de formation de / L'être d'une idée / De la concrétisation d'une idée d'être. »[3]

---

[1] Scène 16 de l'épisode central.
[2] Scène 25 de l'épisode central.
[3] Extrait d'un texte qui, en 1947, dressa la liste de ces héros de la pensée, déchirés et désespérés : « Van Gogh, Gérard de Nerval, Edgar Poe, Baudelaire, Nietzsche, Villon, n'ont cessé de torturer/ Tourner et retourner/ Tourmenter dans leur giron/ La même idée / La même absence de formation de / L'être d'une idée/ De la concrétisation d'une idée d'être », « Moi, je vous dis » in *Obsidiane*, mars 1979, p.8.

« Mon père est Polybe et ma mère est Mérope », hurle-t-il, dans la scène 34 de l'épisode central. A quoi Jocaste répond, comme en aparté : « Pauvre Œdipe ! Puisses-tu jamais savoir qui tu es. » Il ne reste que le pur « quelqu'un frappé de mutisme – pas même le sujet vide d'une énonciation, le pur exister ou être-là »[1]. Œdipe ne parle pas, il est voué à ne prononcer qu'un « cri muet »[2]. Limier sur sa propre trace, criant sous le mauvais traitement que lui infligent ses propres mains, on ne trouve en lui aucune pensée, aucune réflexion. Pure lamentation, muré dans l'énigme de sa douleur, il ne résonne que de ses plaintes et de ses cris. L'histoire d'Œdipe est l'histoire d'une crise, d'une dissolution. Œdipe, dans sa vérité, son essence ou sa propriété, n'est rien de ce qui est : il ne peut se manifester que comme rien, que comme ce qui ne saurait se manifester, s'approcher ou advenir en propre.

ŒDIPE : UNE FIGURE DOUBLE

Pasolini pétrifie Œdipe comme figure double et redoublée, comme ce qui maintient ouverte les possibilités en devenir, à la fois mort et création, libératrices et emprisonnantes, parce qu'il est « scindé » à deux moments du film. Le premier a lieu à la fin de la partie antique. Après s'être arraché les yeux, Œdipe monologue avec lui même comme s'il était deux. Une voix résonne au-delà de la parole volontaire et vient diviser sa voix. Œdipe accède à ce lieu (si c'est un lieu) où s'absentant de lui-même, s'oubliant comme tel, il sort de lui-même en lui-même, s'extériorise à l'intérieur de lui, se divise et se coupe de lui. Une lutte presque risible s'installe entre Œdipe et son autre, dont la violence est d'autant plus redoutable qu'elle est secrète

---

[1] LACOUE-LABARTHE Philippe, « A Jacques Derrida – Au nom de », *L'Imitation des Modernes*, Paris, Galilée, 1985, p.241. Philippe Lacoue-Labarthe n'évoque pas Œdipe, et encore moins l'Œdipe de Pasolini, mais analyse le *Dasein* de Martin Heidegger. Or, ces propos peuvent être ramenés vers la figure d'Œdipe à laquelle il consacre un chapitre dans l'ouvrage.
[2] BONITZER Pascal, à propos de *Mamma Roma*, « Mamma Roma », *Cahiers du cinéma*, n°265, mars-avril 1976, p.66.

et comme le centre de la violence. C'est avec l'écho de sa propre voix qu'il hurle contre son propre destin et le déplore. Dans un fragment à peine postérieur à *La Naissance de la tragédie*, Friedrich Nietzsche explique le dédoublement inquiétant et violent vécu par le protagoniste dans le mythe d'Œdipe comme représentant ce lieu où la conscience s'ignore et ne peut que s'ignorer[1]. L'ultime discours d'Œdipe prend la forme paradoxale d'un interminable soliloque – qui est, selon Platon, le dernier état possible du dialogue dramatique. Une voix résonne presque au-delà de la mort et vient diviser la voix du sujet. Tout ceci, l'exténuation de la conscience de soi, la mort comme dernier état possible du dialogue dramatique, la division du sujet, est peut-être ce qui aura ouvert l'espace où Freud, à son insu probablement, rencontrera aussi Œdipe. En effet, selon le traitement freudien de la figure et du mythe, et selon la formule de Friedrich Hölderlin, « le roi Œdipe a [toujours] un œil en trop »[2].

Après le dialogue onirique entre Œdipe et son autre, la seconde schize d'Œdipe s'effectue dans deux séquences similaires dans leur traitement, la séquence de la prophétie à Delphes et celle de la prophétie de Tirésias, qui sont à la fois le lieu médiateur et l'espace sans médiation de son histoire. Chacune scinde, césure, le personnage en l'exposant dans la genèse paradoxale d'un temps à l'état pur qui se réalise dans une image réciproque. Les prophéties de l'oracle de Delphes puis celles de Tirésias expliquent que Œdipe est traversé par le temps :

TIRESIAS :
« Ecoute : l'homme que tu cherches avec tes ordres et tes menaces est ici. On le croit étranger mais il est né à Thèbes. Il ne se réjouira pas de cette découverte, car, devenu aveugle et mendiant, il s'en ira dans d'autres villes, de nouveau étranger, comme moi, un misérable joueur de flûte. On saura qu'il est à la fois le frère et le père de ses

---

[1] Cf. NIETZSCHE Friedrich, *Le Livre du philosophe*, trad. de l'allemand par Angèle Kremer-Marietti, Paris, Flammarion, 1991, p.73-74.
[2] « Le roi Œdipe a peut-être un œil en trop », HÖLDERLIN Friedrich, « En bleu adorable », trad. de l'allemand par André du Bouchet, *Œuvres*, Paris, Gallimard, 1967, p.941

fils. Qu'il est le fils et l'époux de sa mère. Qu'il s'est donc uni avec la femme de son père et que c'est lui l'assassin de son père... » [1]

Toute l'histoire d'Œdipe se noue autour d'une seule image qui se subdivise à l'infini entre tout le passé d'un homme du futur et tout le futur d'un jeune homme au passé. Œdipe est ici pris dans la scission du temps, dans le futur et dans le passé, dans le présent et le passé. Est mise à nu la coexistence contraire du passé, du présent et du futur en un personnage, en lequel le présent ne cesse de regarder vers le passé qu'il devient sous la poussée de l'avenir. Œdipe, toujours ayant été et allant être, est pris dans la division fondamentale du temps : il est saisi par la puissance de l'instant.

SCHIZE TEMPORELLE

Dans la pièce de Sophocle, le futur des événements survient avant leur passé. Jamais l'instant ne succède à l'instant selon le déroulement horizontal d'un devenir irréversible. L'avenir même est impossible. C'est la base du système chronologique, historique, qui vacille. Le film de Pasolini restaure le temps dont s'était départie la pièce originelle. La pièce de Sophocle concentre l'action en une journée, en une « révolution du soleil », expliquera Aristote dans la *Poétique*, de la recherche d'un *pharmakon* pouvant guérir Thèbes de la peste au dévoilement de la vérité, d'Œdipe parricide et incestueux qui permettent de *raconter* l'histoire d'Œdipe. Pasolini restitue la linéarité de l'histoire. Et c'est dans la séquence du meurtre de Laïos, dans les prophéties, que le temps éclate. *Œdipe roi* expose la solitude du cinématographique, séparé par un hiatus logique et temporel, juxtaposé en lui.

---

[1] Scène 25 de l'épisode central.

LE MEURTRE DE LAIOS

Le meurtre de Laïos fait exploser la linéarité temporelle du film. C'est « l'événement unique et formidable » du temps déchirant où se divisent violemment l'Avant, la césure d'un présent vivant et l'Après, que Gilles Deleuze décrit dans *Différence et répétition*, en reprenant la lecture du mythe oedipien par Hölderlin[1]. Le meurtre de Laïos est ce symbole adéquat à l'ensemble du temps, capable de faire percevoir le temps comme un ordre et non subordonné à un espace. Loin de toute chronologie, le temps se décompose et s'atomise : « C'est le présent comme être de raison, dit Gilles Deleuze dans *Logique du sens*, qui se subdivise à l'infini en quelque chose qui vient de se passer et quelque chose qui va se passer, toujours fuyant dans les deux sens à la fois. […] L'événement, c'est que jamais personne ne meurt, mais vient toujours de mourir et va toujours mourir, dans le présent vide de l'*Aiôn*, éternité. »[2] Hervé Joubert-Laurencin, dans « *Œdipe roi* : Trois-Deux-Un », décrit la forme du dédoublement du temps présent en un passé et un futur, dans la séquence du meurtre du père : « Œdipe aussi « fuit dans les deux sens à la fois », repart délibérément en arrière sur le chemin d'où il vient, celui qui mène à l'oracle de Delphes (son futur), avant de fuir vers le char où se tient son vrai père : représentant de son passé le plus enfoui. Œdipe roi tout entier également ne cesse " de fuir dans les deux sens à la fois ", avec ses parties anachroniques sans cesse reliées entre elles par des séries qui laissent entendre un autre ordre du temps. »[3] Cette scène contient tous les temps. Elle a la force propre que Gilles Deleuze assigne au cinéma moderne dans *L'Image-Temps* et qui peut être comprise comme l'une des ses formes premières. Selon Deleuze, dans le cinéma moderne, le temps est « présenté » plus que représenté. Le

---

[1] DELEUZE Gilles, « La répétition pour elle-même », *Différence et répétition*, Paris, PUF, 1968, p.120 sq.
[2] DELEUZE Gilles, « 10ème série, du jeu idéal », *Logique du sens*, Paris, Minuit, 1969, p.80.
[3] JOUBERT-LAURENCIN Hervé, « *Œdipe roi* : Trois-Deux-Un », *Pasolini, portrait du poète en cinéaste*, op.cit., p.229.

cinéma fait percevoir le temps, donne à ressentir l'instant, compris non comme un présent, mais comme la confrontation d'un passé et d'un futur. *Œdipe roi* révèle la structure transcendantale du temps cinématographique, au sens que Kant donne à ce mot, qui ne se comprend plus, explique Gilles Deleuze, comme image de l'éternité mais fait apparaître une virtualité dévoilée par Shakespeare dans *Hamlet*[1], au moment où le prince, saisi par le surgissement du fantôme de son père, s'écrit : « Time is out of joint », « Le temps est hors de ses gonds »[2]. Le film ouvre à la langueur indéfinie d'un temps, le temps qui fulgure, *Kairos*, le temps du déploiement de l'essence du temps : l'avoir lieu comme tel. *Kairos* n'est pas *Chronos*, ébauche d'une pensée du temps qui porte cependant toute la métaphysique, dominée par la théorie d'Aristote conceptualisant dans sa *Physique* le temps comme dérivé, déchu, ontique, dépendant des horloges ou des cadrans solaires. Le temps auquel ouvre le meurtre de Laïos réitère la proposition de Martin Heidegger qui dit que « ni l'ombre, ni le parcours gradué, et encore moins leur relation spatiale réciproque ne sont le temps lui-même. »[3] *Kairos* libère du temps vulgaire de la succession, il est le temps vertical, le temps poétique qui déchire la fatalité temporelle, délie l'être enchaîné dans le temps du mouvement figé, c'est « le temps affolé », « se découvrant comme forme vide et pure », c'est le temps qui « cesse d'être cardinal et devient ordinal, un pur ordre du temps »[4]. *Kairos* n'expose pas le moment présent, mais son éclatement, la déflagration du temps lui-même, « la chronie en soi » en laquelle se concentrent la force et l'intensité du temps, qui récusent aussi bien l'éternité extra-temporelle que

---

[1] Cf. DELEUZE Gilles, « La répétition pour elle-même », *Différence et répétition*, op.cit., p.119 sq.
[2] SHAKESPEARE William, *Hamlet*, trad. de l'anglais J. Malaplate, Corti, 1991, acte I, scène 5.
[3] HEIDEGGER Martin, « La temporellité et l'intratemporanéité comme origine du concept courant de temps », *Etre et temps*, trad. de l'allemand par François Vezin, Paris, Gallimard, 1986, p.483.
[4] DELEUZE Gilles, « La répétition pour elle-même », *Différence et répétition*, op.cit., p.119-120.

l'idée d'un temps dérivé de l'histoire. Le temps se dérobe à la linéarité.

Le meurtre de Laïos est le moment de la césure tragique où désormais l'avant et l'après ne riment plus ensemble, selon les paroles d'Hölderlin[1]. Le carrefour où est tué Laïos coupe en deux le temps, le décapite. Sa description pourrait correspondre à celle que Friedrich Nietzsche donne dans *Par delà bien et mal* : « Regarde ce portique ô nain...Il a deux faces. Deux voies ici se joignent, que ne suivit personne jusqu'au bout. Cette longue voie dure une éternité. Et cette longue voie devant est une seconde éternité. Elles se contredisent, ces voies se heurtent de plein front ; et c'est ici, sous ce portique, qu'elles se joignent. Le nom de ce portique est là-haut inscrit : " Instant ". »[2]

LES PROPHETIES

Les prophéties de l'oracle de Delphes, réalisées par le meurtre de Laïos et dans l'union de Jocaste et Œdipe, inversent l'ordre chronologique du temps. Dans *Œdipe roi*, les prophéties engagent avec le temps un rapport beaucoup plus important que la simple découverte de certains événements à venir. Tout d'abord, la totalité temporelle telle qu'elle est mis en scène dans *Œdipe roi* n'est pas une totalité globalisante mais son envers, la forme creuse du temps dans l'asynchronisme de l'expérience. En effet, le temps n'est pas conçu comme isolément pur, idéal, unitaire, il nécessite la traversée des corps, il est lié à une forme de chronologie qui affecte, parcourt des états. Ensuite, la parole prophétique ne prend pas place dans le cours ordinaire de la durée. Non seulement, elle contient en elle le présent, le passé et le futur, mais elle possède les caractères du temps cinématographique telle que les définit Gilles Deleuze

---

[1] HÖLDERLIN Friedrich, « Remarques sur Œdipe » in *Œdipe le tyran*, op.cit., p.209.
[2] NIETZSCHE Friedrich, « De la vision et de l'énigme », *Par delà bien et mal*, trad. de l'allemand Cornelius Heim, Isabelle Hildebrand, Jean Gratien, in *Œuvres philosophiques complètes*, VII, Paris, Gallimard, 1971, p.177.

dans *L'Image-Temps* : les prophéties « résorbe[nt] ou contracte[nt] en [elles] le passé et le futur, et de contraction en contraction de plus en plus profonde, gagne[nt] les limites de l'univers entier pour devenir un présent cosmique », « la fantastique énergie potentielle » d'un temps qu'elles « [font] détoner en [le] dissipant »[1]. La prophétie oraculaire exclut le temps ordinaire, le dédouble, le fêle. Dans la prophétie, ce n'est pas le futur qui est donné, c'est le présent qui est retiré. Dans *Œdipe roi*, le présent se dédouble et se retire comme pour préserver le vide de son secret.

LE CYCLE DU TEMPS

L'épilogue vient conclure l'alternance et l'opposition des temps élaborées au long du film et expose une pensée cyclique du temps. Il fait du temps l'énigme de l'éternel dont la loi est le cercle, c'est-à-dire une puissance qui se manifeste par la répétition. Les dernières paroles du film, « La vie commence là où elle finit », ouvrent le temps à l'étrangeté absolue de la répétition. Le point d'orgue final est le point d'origine. Le film s'achève où il a commencé : dans le pré. En une sublime symétrie, il passe, après l'expérience du mythe, d'un temps remémoré à un présent d'une autre sorte, entre lesquels le temps a installé un pur milieu, de fiction. *Œdipe roi* intègre l'idée de l'éternel retour développée par Auguste Blanqui dans *L'Eternité par les astres*. Dans l'ouvrage, Auguste Blanqui expose « l'idée du retour éternel des choses dix ans avant Zarathoustra »[2]. Selon lui, chaque univers, chaque fragment de chaque univers se reproduisent infiniment dans l'espace et dans le temps. Chaque lieu et chaque instant de l'univers sont toujours déjà revenus et reviendront toujours et pour toujours

---

[1] DELEUZE Gilles, « Pointes de présent et nappes de passé », *L'Image-Temps*, op.cit., p.130.
[2] BENJAMIN Walter, « Exposé de 1935 », *Paris, capitale du dix-neuvième siècle, Le Livre des passages*, trad. de l'allemand Jean Lacoste, Paris, Cerf, 1997, p.59.

dans une éternité de tous les instants, dans une « actualité éternisée »[1].

---

[1] BLANQUI Louis-Auguste, *L'Eternité par les astres* (1872), Slatkine, 1996, chap.8.

PARTIE III : REVE ET FAUX-SEMBLANTS

Œdipe roi donne la primauté au rêve, aux faux-semblants. Le récit se déroule dans un espace mental, celui du personnage ou du cinéaste, un lieu symbolique. Ce film exhibe un leurre cinématographique où priment les masques, les rôles, les stratagèmes, qui sont contraints à s'exhiber comme tel. Les personnages sont dessinés comme de purs êtres de fiction, comme de purs artefacts. Pasolini ne filme pas l'illusion, il saisit l'artifice, établit une dialectique entre nature, contre-nature et art, entre expression immédiate du monde, puissance de l'enregistrement brut et artefact. Il ruine l'apparence d'une symbiose esthétique entre le corps cinématographique et l'objet saisi, capté, pour jouer sur la capacité du cinéma à entrer dans la fiction, à la fois dans le domaine du faux et dans celui de l'imaginaire.

ONIRISME ET FANTASME

Toute la partie mythique a été considérée par Pasolini lui-même comme un long rêve, une « préhistoire »[1] absolument fantaisiste et onirique. *Œdipe roi* est un film hallucinatoire, fantasmatique. Est produit, à travers l'onirisme, le fantasme, un discours indirect libre, une *mimèsis*, entre le rêve et la réalité.

---

[1] PASOLINI Pier Paolo, « Rencontre avec Pier Paolo Pasolini par Jean Narboni », *Cahiers du cinéma*, n°192, juillet-août 1967.

Les instances du récit donne à percevoir, à travers le rêve, un trouble mimétique, là où quelque chose d'*autre* est en jeu. Le cinématographique renvoie à autre chose qu'à l'expression immédiate des choses.

REVE, HALLUCINATION

Dans *Œdipe roi*, un dédoublement se joue entre le rêve et la réalité. Le rêve l'emporte sur le récit, et le poème sur le rêve. *Œdipe roi* est « comme un énorme songe du mythe qui se termine au réveil par le retour à la réalité »[1]. Les événements appartiennent à ce que Pasolini nomme « la réalité du rêve »[2]. Une césure – une schize – fabrique un rêve, crée un climat onirique. Des effets de style, qui autonomisent la bande son et la bande image, délient les corps des voix, défont le repérage spatio-temporel, désactualisent l'histoire, imprègnent le film de l'irréel.

Une topographie indécise

Dans *Œdipe roi*, les distances sont métamorphosées, incertaines.
Les toutes premières images de la partie mythique exposent la rencontre manquée de deux serviteurs dans le temps figé du Mont Cithéron, des êtres qui se rencontrent sans jamais se rencontrer, à jamais séparés des autres, à jamais séparés d'eux-

---

[1] PASOLINI Pier Paolo, « Enigmes ; grandes énigmes…petites énigmes », *Entretiens de Jean Duflot avec Pier Paolo Pasolini*, op.cit., p.107.
[2] Pasolini emploie l'expression « la réalité du rêve », à propos de *Fellini Roma*, in « Un homme aux mains sales comme celles d'un enfant », *Tempo Letteratura*, 30 sept.1973, repris dans *Descriptions de descriptions*, trad. de l'italien par René de Ceccatty, Marseille, Rivages, 1984. La scène de l'autoroute, dit Pasolini, appartient à la réalité du rêve. Dans *Roma*, Fellini va jusqu'à détruire le dernier élément non dérisoire de la réalité : le personnage. Il dilate ses personnages.

mêmes. Dans la pièce de Sophocle, le serviteur de Laïos donnait Œdipe au berger de Corinthe en lui disant qu'il s'agissait d'un enfant trouvé. Ici, le serviteur croise le pâtre sans lui parler et sourit de voir le berger courir vers les pleurs. Pasolini choisit de les faire se regarder sans que nous ne sachions jamais à quelle distance ils se trouvent l'un de l'autre, peut-être très proches, peut-être très éloignés. Ils sont sur le Mont Cithéron, mais un espace propre, avec une végétation différente leur est attribué. Deux espaces, donnés comme contigus par le montage, sont absolument et irrévocablement éloignés par le champ/contrechamp, qui n'est pas un raccord voyant-vu. Le raccord brusque entre les deux personnages allant l'un vers l'autre, vus de loin, instaurent l'impression de proximité de leurs visages, mais cette proximité les éloigne. La rencontre du berger de Corinthe et du serviteur de Thèbes est toujours à l'écart du lieu et du moment où elle s'affirme, elle est déjà cet écart même. En ce point s'accomplit la vérité propre de la rencontre, d'où en tout cas, prend naissance le montage qui la prononce. Le montage éloigne les deux bergers ou les rapproche. Les pâtres sont éloignés par leur proximité ou rapprochés dans leur éloignement. Le raccord est trahison, mensonge. Se défait la solitude de chacun dans l'affirmation d'un dehors intense, mais silencieux. Dans cette scène, la distance même est éprouvée comme intimité. Les champ/contrechamps ne respectent pas les distances. Ils accentuent l'illusion d'optique, l'éloignement dans la proximité.
Le trouble émergeant de la configuration des lieux et l'annihilation des repères pénètrent tout le film.
Pasolini met en scène des carrefours, des labyrinthes, l'immensité du désert. A Delphes, derrière les longues files d'un peuple en rituel, de longs panoramiques font apparaître une immensité inconnue, inintelligible, désarmante. Les couleurs de la terre, du sable, bruns, rouille, ocres, jaunes, se fondent, rendant tout calcul des distances impossible. Le désert ressemble à la danse chamanique du serpent qui glisse dans le cinquième plan de la partie mythique, sinueuse, tortueuse, ineffable, assurant que quelque chose d'*autre* a lieu. Pasolini défigure le réel, métamorphose la *phusis* - la nature.

Dans *Œdipe roi,* le cinéaste recrée l'architecture d'un labyrinthe. Le labyrinthe architectural est la figure mythologique par excellence. Dans la scène 11 de l'épisode central, Œdipe, après avoir été gagné par le son de voix moqueuses et monotones, s'engage dans un lieu rocailleux, presque en ruines, où il rencontre une prostituée. Ce lieu est sans cesse entamé, abîmé : c'est un lieu de renvois, retours et détours. Il se clôt sur son ouverture. En pénétrant dans le labyrinthe, Œdipe s'enfonce dans l'horizontalité d'une pure surface se représentant elle-même de détour en détour. C'est un lieu de trahison : figure de l'ouverture comme telle et pourtant reflet sans issue.

Le détour et la dispersion sont à l'origine de la mise en scène du film. De Corinthe à Thèbes, Œdipe se déplace comme dans un labyrinthe, en ce sens que sont rendues problématiques les distances et les directions. Entre Corinthe et Thèbes, il prend le chemin du désert, un chemin détourné[1], gauche, équivoque. La circularité des routes empêche de cartographier le parcours d'Œdipe. Pasolini dessine un tracé multiple, divisé, décomposé, dispersé. Les routes sont un foyer absent, entre ici et nulle part. Elles sont essentiellement *atopos*, sans lieu, étranges, extravagantes. S'effaçant au fur et à mesure de son tracé, la croisée des chemins opère par rature, bifurcation, rectification ou substitution. La lenteur des panoramiques latéraux fait de cette terre sur laquelle Œdipe marche des voltes sans fin. Ceux-ci renvoient au tourbillon des voiles de femmes, dans les jardins du palais de Thèbes, dont Jocaste est littéralement la tête. Ce maelström viole toutes les règles de l'orientation humaine en une fête fulgurante d'astres qui tournent à jamais dans un cercle privé de sens.

La structure labyrinthique du désert dépasse la notion d'*espace quelconque* définie par Gilles Deleuze dans *L'Image-Mouvement* comme espace inassignable, entre-deux lieu(x), fragmenté, décadré, disséminé. Dans l'*espace*

---

[1] Comme dans *Théorème*, où le désert et ses détours font allusion à *L'Evangile* : « *Tu* m'as séduit, et je me suis laissé séduire », Jérémie, XX, 7. Pour Claude Mauriac, le désert pasolinien est le « domaine de l'absolue vérité et de la nudité », MAURIAC Claude, *Le Figaro littéraire*, 20-26 oct.1969.

quelconque, dit Gilles Deleuze, « les distinctions héritées de l'espace tendent à s'évanouir »[1]. C'est un espace « sorti de ses propres coordonnées comme de ses rapports métriques »[2]. Ce n'est pas non plus seulement un « non lieu »[3], un pur lieu de passage, c'est le lieu du retournement, du détour et du retournement. Si le non-lieu est lieu de passage qui mène d'un lieu à un autre, le désert reste lieu de détour.

Œdipe roi peut être considéré comme un film-itinéraire. Le parcours d'Œdipe fonde le rythme. Le protagoniste principal passe son temps sur la route. Il traverse des pattes-d'oie, suit des chemins. Le désert scande le film. Dans *Œdipe roi*, la route prolonge et unifie les différents épisodes. Sur l'une d'elles, l'esclave emporte l'enfant lié, sur une autre, le roi Œdipe qui s'est aveuglé s'éloigne de Thèbes en suivant un messager, avant que tous deux reparaissent devant des constructions modernes. Ninetto Davoli, facteur moqueur dans *Théorème*, parodiant justement le vol d'un ange (étymologiquement, l'ange est le messager), messager d'*Œdipe roi* et guide de l'aveugle, reconnu au dénouement sous le nom d'Angelo, est typiquement celui qui met en route et celui qui fait reconnaître la route.

Un déplacement ouvre l'histoire[4]. Œdipe court à sa perte en cherchant son salut[5]. Le récit est fondé sur le principe d'un

---

[1] DELEUZE Gilles, « L'image-affection : qualités, puissances, espaces », *L'Image-Mouvement*, Paris, Minuit, 1983, p.154.
[2] *Ibid.*
[3] Cette notion vient de l'anthropologue Marc Augé qui, dans des ouvrages dits d'*anthropologie du quotidien* ou d'*anthropologie de la surmodernité*, comme *La Traversée du Luxembourg*, *Un ethnologue dans le métro*, *Domaines et châteaux* ou *Non lieux*, explore l'obligation où se trouvent les hommes et les femmes de traverser des non-lieux, des « espaces d'anonymat » qu'aucun individu ne peut éviter de rencontrer et de traverser dans l'espace urbain moderne, qu'ils soient « les installations nécessaires à la circulation accélérée des biens et des personnes », « les moyens de transport eux-mêmes », « internet, les grands centres commerciaux, ou encore les camps de transit où sont parqués les réfugiés de la planète ». Le non-lieu est tout le contraire d'une demeure, d'une résidence ou même d'un lieu au sens courant du terme, il est ce qu'on ne peut que traverser.
[4] De même que dans *Théorème*, la conversion des personnages aboutit à un décentrement par rapport à leur posture de départ.
[5] Quand Œdipe s'enfonce dans la chambre de Jocaste, Barthélemy Amengual songe à *L'Atlantide* de Pabst (l'Atlantide est, au demeurant, ce mythe qui,

croisement entre une destinée et la tentative d'y échapper. Œdipe fuit Corinthe pour se soustraire à la prophétie de l'oracle de Delphes et c'est au moment où il s'y dérobe qu'il est rattrapé par la fatalité. Il est prisonnier du *fatum*. Les épisodes se succèdent sur le principe du labyrinthe. Advenant comme au hasard, comme s'il s'y perdait, sans suivre paradoxalement de chemin clair tout en suivant son destin, Œdipe suit un pur lieu potentiel de déplacement, un lieu de passage. Celui-ci est essentiellement pure et insaisissable *poïèsis*. Il n'est pas la caverne dont il faut sortir mais le lieu proprement humain où tous les chemins sont bons quoiqu'ils ne mènent nulle part : « *pantoporos aporos ep'ouden erchétai / to mellon* », disait le chœur d'*Antigone*.

Personnages flottants

Du désert de Corinthe à l'enceinte de la ville de Thèbes, les personnages flottent dans un décor dont ils n'atteignent pas les limites. Ils sont réels, le décor l'est aussi, mais leur relation ne l'est pas et se rapproche de celle d'un rêve.
De même, l'épilogue présente l'image fantomale d'un Œdipe vagabond qui hante la ville mais ne l'habite pas. A tout instant, il est ailleurs que là où il est, présence envahissante, obscure et vaine plénitude. Il erre comme une ombre. Œdipe est extérieur aux autres, il est hors de toute possibilité de rencontre. Il n'a aucun contact avec personne, il est en dehors du monde. Or, dit Maurice Blanchot dans *L'Entretien infini*, « c'est probablement cela, errer : aller hors de la rencontre. »[1] Même le lien qui l'unit

---

comme l'*Œdipe roi* italien, joint la Grèce à l'Afrique). Dans *L'Atlantide* aussi, les héros marchent implacablement vers leur perte – le lit d'une reine – et s'enfoncent au cœur du vieux continent, au cœur d'un palais-forteresse, nocturne dans le soleil, identifient Eros à Thanatos, présence du Ventre cosmique de la Mère-désert. Cf. AMENGUAL Barthélemy, « Œdipe roi : quand le mythe console de l'Histoire », *Pasolini I, Le mythe et le sacré*, op.cit., p.88.
[1] BLANCHOT Maurice, « Parler ce n'est pas voir », *L'Entretien infini*, Paris, Gallimard, 1971, p.37.

à Angelo tisse une trame en-dehors de lui-même. Angelo joue avec les autres, s'inclut dans le monde. Œdipe est décalé de lui. En témoigne l'insistance avec laquelle il hurle son nom à plusieurs reprises pour le faire le rejoindre. Œdipe regarde les corps se déplacer comme s'ils faisaient partie du monde infernal des ombres décrit par Homère dans l'*Odyssée*. Dans le prologue, l'enfant n'existe ni comme corps constitué ni comme monde. Tout lui est extérieur. Dans la scène du pré, par exemple, la caméra subjective, en plaçant les protagonistes dans le champ de vision de l'enfant, les extrait de lui, les sépare de lui. Se forme le pressentiment de ce qu'il sera, de son histoire qui est aussi celle d'Œdipe.

Temps perdu onirique

L'histoire d'Œdipe est transposée dans un contexte physique hors du temps, dans un espace-temps séparé, c'est-à-dire, au sens antique, sacré. La partie mythique plonge la Grèce archaïque dans un temps éloigné, onirique. *Œdipe roi* s'impose comme un poème sur le désert, qui est, selon Pasolini lui même, « forme visuelle de l'absolu, temps hors de l'histoire »[1]. Emerge un sentiment d'éloignement millénaire. Aucun repère temporel n'est donné. Pasolini ne tente pas de recréer la Grèce antique, mais insère l'histoire dans un espace délibérément autre, l'Afrique du Nord, dont le particularisme spatial n'exhibe aucune volonté de ressembler au lieu originel de la tragédie. Le cadre marocain appuie fortement l'impression d'isolement séculaire. *Œdipe roi* prend origine dans un temps « physiquement loin », dans les temps fabuleux, là où la Chronique devient mythe, en-deçà de l'histoire. Pasolini s'en explique : « J'ai voulu présenter le mythe d'Œdipe comme quelque chose se situant hors de l'histoire. L'histoire d'Œdipe

---

[1] Pasolini emploie cette formule à propos de *Porcherie* : PASOLINI Pier Paolo, *Le Monde*, 12-13 oct.1969.

est un fait méta-historique. Et dans ce cas, méta-historique correspond en fait à préhistorique. »¹

Ce temps onirique, prégnant dans la partie mythique, s'affirme aussi dans le prologue et l'épilogue, qui, bien qu'ils soient déterminés temporellement, sont immergés dans un temps perdu. Ils sont comme la fissure d'où s'évapore l'archaïque. Le prologue est hors de toute logique, hors du temps. Aucune durée n'est rendue sensible. Pasolini met en scène une succession d'instants éphémères, sans que ceux-ci soient déterminés chronologiquement. Le film débute sur la naissance de l'enfant, puis se poursuit dans le pré, où un plan sur le bébé laisse seulement transparaître qu'il a grandi. Le temps ne s'écoule pas dans le temps historique. Il est assimilé à celui du rêve.

Le cri

Les sonorités d'*Œdipe roi* donnent une allure de cauchemar au film. Peu de paroles sont prononcées. Plutôt qu'un langage clair, le film met en scène des cris, des chants. L'univers linguistique est celui d'une parole incompréhensible. Il est le murmure obstiné d'un langage qui parlerait tout seul, tassé sur lui-même, noué à la gorge, s'effondrant avant d'avoir atteint toute formulation. Ce mutisme est un silence non pas déterminé mais lié par essence à un interdit qui ouvre la parole, il est la part de silence irréductible qui porte et hante le langage, et hors de laquelle et contre laquelle seule il peut surgir. Le langage d'Œdipe est abandonné à sa propre défection rhétorique. Œdipe hurle, et hurle le silence fuyant du mot. Son cri est sans voix, tranche toute parole. La parole est anorganique, sans mots, sans syntaxe, sans articulation. *Œdipe roi* crée une « glossopoïèse », qui n'est ni un langage imitatif, ni une création de noms, mais ce qui reconduit vers ce moment où le mot n'est pas encore né, quand l'articulation n'est déjà plus le cri, mais n'est pas encore

---

¹ PASOLINI Pier Paolo, « Rencontre avec Pier Paolo Pasolini par Jean Narboni », *Cahiers du cinéma*, n°192, juillet-août 1967.

le discours, quand la répétition est impossible, et avec elle la langue en général. Pasolini construit moins une scène muette qu'une scène dont la clameur ne s'est pas encore apaisée dans le mot. Les voix sont encore in-organisées. Le cinéaste privilégie les sonorités, les intonations, l'intensité orale, réveille l'onomatopée. *Œdipe roi* est un théâtre de cris qui rompt avec le langage entendu comme ce qui *représente*, et avec le langage entendu comme ce qui reçoit et donne le *sens*. Le cri est porté jusqu'au spasme. Cette expérience de la vocalité, ce déclin oratoire et dialogique, modifient les rapports du langage articulé et les mettent à l'épreuve. Pasolini se rapproche ici d'Antonin Artaud qui décrira ce jeu de la parole selon les termes mêmes de Freud : « LE LANGAGE DE LA SCENE : il ne s'agit pas de supprimer la parole articulée, mais de donner aux mots à peu près l'importance qu'ils ont dans les rêves. »[1]

Mirage

La partie antique d'*Œdipe roi* esthétiquement très éclectique peut être définie par l'hallucination. Des éblouissements scandent le film : le soleil éclate dans les yeux et dans l'objectif, se reflète dans la caméra, les images passent de manière appuyée, d'un plan à l'autre, d'une éclatante lumière à l'ombre. Pasolini met en scène de perpétuelles floraisons de mirages. La modification de la mise au point et la diminution de la netteté de l'image en témoignent. Pasolini, en une même séquence, fait intervenir à trois reprises ce symptôme visuel qu'est le flou, figure obscène, intolérable : au moment où Œdipe s'apprête à quitter Delphes, le flou absorbe le bas du cadre, le haut, les bords latéraux, puis le centre même de l'image, qui devient une sorte d'hallucination, non pas un trou noir, mais son ombre, la mort, l'envers permanent de l'œuvre, la possibilité toujours inscrite dans sa trame. Dans les plans de foule, qui alternent avec ceux d'Œdipe dans le désert, la mise

---

[1] ARTAUD Antonin, « Le théâtre de la cruauté – Premier manifeste », *Le Théâtre et son double*, Paris, Gallimard, 1964, p.145.

au point confère le moins de précision possible aux éléments situés au haut du plan. Le soleil se réfléchit dans la caméra, si bien que le spectateur est incapable de discerner ce qui se trouve dans le cadre. Seuls les personnages installés dans la partie inférieure de l'écran échappent au flou ou à une imprécision partielle. Dès les premiers plans d'Œdipe, Pasolini communique cette indécision de l'image. La première image, sur laquelle Pasolini invite à lire « *Tebe* », tremble, échappe à la fixité.

Corps déliés des voix

Œdipe roi baigne esthétiquement dans l'irréel de la post-synchronisation. A plusieurs reprises, dans la partie antique, les voix sont déliées des corps. L'autonomie de la bande-son et de la bande-image est visible, apparente. Dès la scène 5 de l'épisode central, dans laquelle Œdipe informe ses parents qu'il veut aller à Delphes consulter l'oracle, les paroles prononcées par Polybe mettent en évidence la post-synchronisation. Les interventions des trois figures mythologiques, Tirésias, l'oracle et le Sphinx, sont également post-synchronisées. Selon Pasolini lui-même, le « doublage, en déformant la voix, en altérant les correspondances qui relient le timbre, les intonations, les inflexions d'une voix à un visage, à un type de comportement, confère un nouveau mystère au film. »[1]

---

[1] PASOLINI Pier Paolo, *Les Dernières paroles d'un impie*, Paris, Belfond, 1981, entretiens avec Jean Duflot, réédition augmentée de *Entretiens de Jean Duflot avec Pier Paolo Pasolini*, Paris, Belfond, 1970, p.143-144.

Une tragédie iconographique

La matérialité de l'image intensifie l'onirisme de la partie mythique d'*Œdipe roi*. Celle-ci commence et finit par la vision désolée d'un désert poudreux, hurlant de silence[1], dont la nudité fait ressortir la vivacité rougeoyante des anciennes cités marocaines. La quête d'Œdipe s'insère dans l'ocre du paysage, dans les teintes jaunes des sables marocains entourant une vieille citadelle de pisé rouge, dans les rochers et les montagnes du Maroc éternel. Ces teintes s'étendent aux montagnes, aux vallées, aux ciels immuablement bleus, où le soleil dévore les maisons et les palais de boue durcie et sculptée comme un bois creux. Les routes sont dévorées par le soleil, par le désert[2]. La vivacité de la couleur est le contrepoint de la richesse des masques et des costumes. Les matériaux employés pour les accoutrements, les ustensiles rituels, les instruments de musique, sont nombreux : écorces, raphia, cuir, plumes, coquillages, clous. Chacun de ces éléments proviennent de Gaïa, la Terre-Mère. Pasolini s'en explique : « Le cinéma me permet de maintenir le contact avec le réel, un contact physique, charnel, je dirais même d'ordre sensuel. »[3] Selon

---

[1] Le désert est un des leitmotive de l'œuvre cinématographique de Pasolini : *Théorème*, par exemple, débute et s'achève sur la vision du désert ; entre ces deux hallucinations, s'agite et se débat le peuple que Dieu va mener au désert. Ce film est l'odyssée d'un désert à l'autre, selon France Farago. Cf. FARAGO France, « *Théorème* ou la quête du salut chez Pasolini » in *Pasolini I : Le mythe et le sacré*, op.cit., pp.55-65. Dans *Porcherie*, Orgia a pour décor le paysage aride, sauvage, pur et splendide de l'Etna – un paysage naturel, authentique, dominé par les pentes vertes et jaunes, la terre brune, les pierres vertes et les roches ocres des paysages désertiques de l'Etna. De lents panoramiques sur le désert de Judée, les terrasses du Jourdain, le lac de Tibériade, fixent l'espace géographique de *L'Evangile selon Matthieu*, avec une prédilection symbolique pour le désert, l'eau, le vent ; ainsi le Jourdain est découvert à travers un cadre plongeant, technique, documentaire.
[2] Il en est de même dans *L'Evangile selon Saint Matthieu*, *Porcherie* ou *Médée*.
[3] PASOLINI Pier Paolo, « Le gisement mental », *Entretiens de Jean Duflot avec Pier Paolo Pasolini*, op.cit, p.17.

Hervé Joubert-Laurencin[1], l'hérésie pasolinienne est proche de celle de Walter Benjamin : il évoque un « matérialisme si profond qu'il arrive jusqu'au rêve », selon un mot de Giorgio Agamben[2]. *Œdipe roi* retrouve « l'originelle qualité onirique, barbare, irrégulière, agressive, visionnaire » de ce langage fondamentalement irrationnel qui est, selon Pasolini, le langage du film[3]. Il est composé d'éléments élémentaires et barbares qui exhibent la violence expressive du cinéma, sa matérialité onirique. Dans *Œdipe roi*, Pasolini violente l'écran : la matière est rude, brûlante, répugnante, inévitablement poétique. L'univers entier mobilise sécheresse, résonance, agressivité. Les paysages du Maroc sont arides. Le désert est chaud, sec, rocailleux, sombre, silencieux. Chacune des scènes, taillée à même la pierre, assume et excède la dureté et la densité du réel. Le soleil, brûlant, « embrase la pellicule »[4]. La perception du son est traumatique, volontairement exagérée. Elle n'a d'égale que l'intensité du bruit oppressant des grillons, qui oblitère toute chaleur naturaliste au profit d'une violence menaçante. Cette saturation est commentée par Pasolini lui-même dans l'entretien qu'il accorde à Jean Duflot en 1970 : « Le cinéma que je crée est de moins en moins « consommable » par ce que l'on appelle aujourd'hui les masses. »[5] La représentation classique *s'indétermine*. Le thème musical, suraigu, est particulièrement puissant, pénétrant, pur, hypnotique. Il

---

[1] JOUBERT-LAURENCIN Hervé, « Acteurs-fétiches : le rêve d'une chose » in *Pasolini, Revue d'esthétique*, op.cit., p.95.
[2] AGAMBEN Giorgio, « Walter Benjamin, les années parisiennes, un entretien de Giorgio Agamben avec Lionel Richard », *Magazine littéraire*, n°273, janvier 1990, p.110.
[3] Cf. PASOLINI Pier Paolo, « Le cinéma de poésie », *Cahiers du cinéma*, n°171, oct.1965, pp.5-6, repris in « Le cinéma de poésie », *L'Expérience hérétique*, op.cit., p.140 : « L'instrument linguistique sur lequel se fonde le cinéma est donc de type irrationnel. Cela explique la nature profondément onirique du cinéma ainsi que sa nature absolument et inévitablement concrète…Le cinéma est à l'heure actuelle un langage artistique et non philosophique. Il peut être parabole, jamais expression directement conceptuelle. »
[4] Comme le dit Jean COLLET à propos de *Théorème* : « Théorème », *Etudes*, avril 1969.
[5] PASOLINI Pier Paolo, « Pasolini ne répond plus », *Entretiens de Jean Duflot avec Pier Paolo Pasolini*, op.cit., p.55.

apparaît dis-harmonieux, dérangeant, obsédant, ensorcelant. La musique à la flûte dont Œdipe cherche l'origine, juste avant de rencontrer Tirésias, happe littéralement. Alors que chez les Grecs, la flûte est le symbole du ménadisme et corybantisme, c'est-à-dire du traitement par les instruments à vent, dont l'*aulos*, entre autres, apaisait, soulageait, la musique, dans *Œdipe roi*, elle, dérange.

La tragédie iconographique et la tragédie intérieure fusent en chant, dans le soleil et le désert. Le crissement assourdissant des cigales évoque à chaque fois l'entrée en scène de la fatalité, faisant du tragique grec, remarque Barthélemy Amengual, quelque chose de matériellement sec, élémentaire, tranchant et grinçant, strident, crépitant[1]. Pasolini représente formellement le mythe par la brutalité de la matière.

LE FANTASME

Entre rêve et réalité

Pasolini situe *Œdipe roi* entre rêve et réalité. Le film s'accomplit à la fois sur le plan réel et sur le plan psychologique. Pour comprendre ce dédoublement, il faut se référer à *Médée*. Dans *Médée*, un événement est répété : il s'agit, dans la dernière partie du film, de la mort de Glauké, la rivale de Médée, avant le meurtre des enfants et le suicide de Médée, donnée une première fois, puis une seconde, dans une variation à peine discernable, non seulement au niveau du contenu, mais du mode stylistique. Les deux versions de la mort sont mises stylistiquement sur un même niveau de réalité, si bien que le trouble naît de la pure répétition : celle-ci désigne l'une des deux versions comme rêve, hallucination, et l'autre comme réalité (si l'on tient à rétablir une logique temporelle, la première serait vision et l'autre réalité). Pasolini s'explique sur

---

[1] Cf. AMENGUAL Barthélemy, « *Œdipe roi* : quand le mythe console de l'Histoire », in *Pasolini I : le mythe et le sacré*, op.cit., p.86.

la singularité de cette double scène : « La mort de Glauké est filmée deux fois, on comprend la seconde fois que la première scène était une vision ou un rêve : quel est le sens de ce rêve ? » Pasolini distingue pour la première un « rêve de régression sur un plan mythique » et pour la seconde une « réalité, sur un plan psychologique »[1]. Cette interprétation est valable pour *Œdipe roi* au niveau de la structure du récit. Le film met en scène le rêve au sens psychologique et le rêve mythique. Il y a interaction entre le mythe et la réalité historico-psychologique. Le destin s'accomplit deux fois : sur le plan mythique et sur le plan psychologique.

Ce film peut être caractérisé comme un fantasme. Il nage dans une frange de brumes : mémoire, prémonitions, nostalgie, désespoir. Son caractère onirique est lié au caractère élémentaire de ses archétypes, à l'observation habituelle et donc inconsciente de l'environnement, mimique, mémoire, rêve. Une mémoire archi-usée, hors d'âge, imprègne le film. L'hallucination prime sur la conscience[2]. *Œdipe roi* appartient au domaine de l'irrationnel, au monde de la mémoire et des rêves, de l'inconscient.

Au début du film, Œdipe est une pure virtualité. Il appartient à un monde primitif (avant la naissance du langage articulé) et intérieur (référence psychanalytique). Dans l'épilogue, il se retrouve tel qu'en sa jeunesse, mais aveugle, éteint.

Le prologue est le territoire que se partagent la mémoire, les rêves et l'enfance. Ceux-ci ne sont pas définis par des mots, mais par le langage de la réalité. Barthélemy Amengual remarque, dans « *Œdipe roi* : quand le mythe console de l'Histoire », que, lorsque le bébé, laissé seul, se lève et va sur le balcon, « des fusées multicolores éclatent et il se met à pleurer, terrifié. Terreur et émerveillement, fête et feu d'artifice, tout est d'une pauvreté voulue, opaque mais aiguë, presque écœurante comme sont à la mémoire, précise-t-il, tant de moments de notre vie. »[3] Amengual associe la « scène

---

[1] PASOLINI Pier Paolo, « Entretien avec Pasolini », *Jeune cinéma*, mars 1970.
[2] Cela rappelle le cauchemar d'Accattone rêvant son enterrement.
[3] AMENGUAL Barthélémy, « *Œdipe roi* : quand le mythe console de l'Histoire » in *Pasolini I : le mythe et le sacré*, op.cit., p.82.

primitive » à laquelle l'enfant assiste quand ses parents sont de retour à un fantasme. Notant la proximité et la distance avec laquelle Pasolini traite la scène, il l'inscrit d'emblée hors de toute réalité historique[1]. Le cinéaste organise la scène comme un fantasme originaire mythique, dans laquelle le sujet se projetterait.

Dans le prologue et l'épilogue, les procédés de base sont l'ellipse, la discontinuité, la déformation (obtenue au grand angulaire). Les courtes focales déformantes du prologue fabriquent un rêve, atteignent à l'onirisme[2]. Pasolini s'en explique : « Si j'avais tourné de façon réaliste la partie moderne, j'aurais obtenu un contraste facile et ennuyeux. C'est pour cela que je l'ai montrée comme un rêve, avec des objectifs déformants. »[3]

La partie mythique est un théâtre de l'inconscient. Les paroles d'Œdipe, avant son départ pour Delphes révèlent quelque chose qui échappe à la conscience : « Les dieux ont voulu me dire quelque chose. Mais quoi si je ne m'en souviens pas ? Si je ne peux pas m'en souvenir ? Je suis resté éveillé jusqu'à l'aube avec des frissons dans la nuque, de peur du silence et de l'obscurité... Mère, père : je voudrais aller à Delphes...Interroger...L'oracle d'Apollon sur ce rêve dont je ne peux pas me souvenir. »[4] Les propos de Créon, au moment où il revient du sanctuaire d'Apollon : « Ce qu'on ne veut pas savoir n'existe pas. Ce qu'on veut savoir existe »[5], impliquent un *Œdipe roi* dans le fantasme. Les paroles de Jocaste lient ce

---

[1] *Ibid.*
[2] *Ibid.*, p.81.
[3] PASOLINI Pier Paolo, « Œdipe roi », *Cahiers du cinéma*, n°195, nov.1967, p.13.
[4] Scène 5 de l'épisode central.
[5] Scène 22 de l'épisode central. Il faut rappeler que l'inconscient découvert et mis en forme par Freud est l'ensemble des souvenirs ou représentations refoulées totalement ignorées du sujet, et qui parfois réapparaissent sous la forme du symptôme, c'est-à-dire que tous les gens, d'après Freud, sont mus par des forces, des désirs, des sentiments qu'ils ignorent complètement comme dans les névroses de destinée : des gens sont comme prisonniers de leur destinée, ils rencontrent toujours les mêmes drames, les mêmes amours malheureuses, comme s'ils étaient le jouet de la fatalité. Or, selon Freud, c'est leur inconscient qui s'exprime.

film aux découvertes freudiennes : « Pourquoi l'idée d'être l'amant de ta mère t'effraie-t-elle ? En rêve, beaucoup d'hommes ont couché avec leur mère. Ça ne les effraie pas. »[1]
Ces dires réfèrent à l'inconscient, à une révélation. En ce sens, *Œdipe roi* est l'accomplissement et la réalisation d'un fantasme.

L'un des aspects les plus fantasmatiques d'*Œdipe roi* provient la répétition de la même image. Avant la séquence du meurtre de Laïos, un plan présente Œdipe marchant, avec pour seul couvre-chef, un léger branchage. Le plan suivant présente la même image, mais avec une légère différence de focale. Pasolini rapproche successivement deux points de vue, dont la différence est négligeable. Deux plans cadrent le même morceau de réalité, d'abord de près, puis d'un peu plus loin, sur le même axe, mais avec deux objectifs différents. De cette répétition, naît une confusion : le spectateur a l'impression de percevoir deux fois la même image, comme s'il assistait à un fantasme vécu et produit sur l'écran de l'événement. Comme dans *Médée*, Pasolini met en scène deux niveaux de lisibilité et de visibilité de la scène qui va suivre : le meurtre du père s'accomplit sur le plan psychologique, individuel, et sur le plan du mythe, de la fiction, de l'histoire racontée par le cinéaste.

Tout au long d'*Œdipe roi*, le fantasme est produit par une série de raccords, de perturbations, d'analogies, entre les parties, qui les unit l'une l'autre en un seul bloc contigu. Ces analogies transportent le film dans le domaine du rêve, de l'inconscient. La structure ternaire de l'œuvre se dissout au profit d'un lien poétique unissant les parties modernes et la partie mythique. Les trois parties du film riment, elles sont reliées esthétiquement : il y a des similitudes entre les couleurs des trois épisodes. Les douces couleurs du prologue et de l'épilogue resurgissent dans l'adaptation proprement dite du mythe. Dans les fragments impressionnistes du prologue et de l'épilogue, comme au sein des couleurs baroques de la partie centrale, Pasolini crée un motif né du mélange d'un bleu soutenu et de l'ocre, et un autre fondé sur l'alliance du bleu pâle et du rose. Le bleu roi des volets de la maison du prologue, dans laquelle

---

[1] Scène 33 de l'épisode central.

naît l'enfant, est identique à celui de la robe portée par Jocaste dans la partie mythique. Dans le prologue, le chapeau bleu ciel porté par Silvana Mangano est associé à l'ocre de la bordure de la porte, et au reflet ocre sur l'enfant au balcon. Dans la partie mythique, la montagne laisse apparaître un liseré bleu. Le bleu a une fonction mélodique qui joue en contrepoint avec le rouge du désert et du soleil, et en harmonique avec les vêtements indigo barbares (les vêtements de l'oracle, de Jocaste, des chœurs de femmes habillées par Danilo Donati). Les couleurs foisonnantes de la partie mythique surgissent sous forme de tâches fulgurantes dans la pâleur du prologue et de l'épilogue. Dans l'épilogue, la prostration d'Œdipe vagabond, assis sur les marches d'une église, laisse découvrir une multitude de vêtements pastel, pâles à force d'être bleus et roses. Ces couleurs habillent les chœurs de femmes de la partie mythique, au point de désorganiser, par leur pâleur, la puissance baroque du soleil, du rouge du désert, des vêtements indigo barbares. Ces audaces de vision participent de nombreuses autres similitudes. Ainsi, dans la prairie natale, des jeunes filles courent, crient, joyeuses, autour de l'enfant. Il y a également des prairies, des fleurs et des jeunes filles dans le palais marocain de Jocaste. Ces ressemblances laissent penser qu'on est, ou était, en train de rêver.

L'idée du songe est renforcée par le thème musical raccordant le prologue et la partie mythique. Le raccord musique, effectué par la flûte, au moment du faux-raccord, suggère une étrange impression : celle d'avoir pénétré les méandres de la conscience, d'être entré dans ses tréfonds jusqu'à l'inavoué, le subconscient, l'imaginaire. C'est pourquoi le traitement pasolinien de la séquence du meurtre de Laïos n'a rien à voir avec la lucidité exposée, la conscience du meurtre, mais a, en revanche, partie liée avec l'inconscient. Seule la conscience donne à l'exercice de tout acte sa couleur de sang. Ici, le meurtre est inconscient, fantasmé. Pendant toute la scène, le thème musical de la flûte unissant le prologue et la partie antique, est distinctement entendu. La violence des cris, la cruauté des rires transposent le mythe sur le plan de l'onirisme, d'une activité mentale faite de visions cauchemardesques, angoissantes, et de scènes animées délirantes, improbables. Le montage des plans appuie cette conviction. Leur succession est ponctuée d'invraisemblances, d'effets étranges. Ainsi, le premier soldat contre lequel se bat Œdipe jaillit de nulle part. Alors qu'Œdipe vient d'effectuer une course effrénée sur une ligne droite, le guerrier de Laïos surgit devant lui, sans que l'image ait montré d'où il venait.

Jocaste : un personnage fantasmatique

Le personnage de Jocaste est un fantasme, il appartient au domaine du rêve. Figurine animée, sculpture glacée mais bien vivante, elle ne saurait être la mère réelle. Celle qui a excité les désirs de son enfant n'est plus là. Elle est morte ou absente. Pour Barthélemy Amengual, Jocaste est la Mère fantasmée, éternelle et semblable sous 100 visages[1]. Jocaste est fascinante, attrayante, impure, véritable mystère. Elle n'est pas déterminée psychologiquement, elle n'a aucune réalité. Pasolini s'en explique d'ailleurs dans les *Cahiers du cinéma*: « Jocaste […] est un pur mystère ; […] projetée dans le mythe une mère ne mue pas : comme une méduse, elle change peut-être, mais elle n'évolue pas. D'où l'aspect fantomatique. »[2] Jocaste est une énigme. Elle est ambiguë. Comme le remarque Piero Spila[3], Pasolini, réfléchissant sur Œdipe et en particulier sur le personnage de Jocaste, figure atemporelle, sensuelle et ne voulant probablement pas savoir, écrira plus tard :

« Que d'ambiguïté recèlent ces créatures / en qui ne résonne qu'une seule note ! / et comme leurs apparitions sont dans le temps incroyables, incohérentes et obsédantes ! / Leur mort idéale qui rétrécit leur vie aux traits principaux/fait d'elle des énigmes, qui, avec le temps, se ramifient et s'enroulent sans se développer, comme

---

[1] AMENGUAL Barthélemy, « *Œdipe roi* : quand le mythe console de l'histoire » in *Pasolini, Le mythe et le sacré*, op.cit., p.77.
[2] PASOLINI Pier Paolo, « Venise 67 », « Entretien avec Pier Paolo Pasolini par Jean-André Fieschi », *Cahiers du cinéma* n°195, nov.1967.
[3] SPILA Piero, « Le Tiers-Monde et le Mythe », *Pier Paolo Pasolini*, Rome, Gremese, coll. « Grands cinéastes de notre temps », 2001, p.77.

des méduses dans l'eau, qui changent incroyablement de forme jusqu'à ce que la mort (mais comment se peut-il qu'elles meurent ?) les fige dans une forme définitive, / ceci étant la seule issue possible. »

Ce personnage est sinon désincarné, du moins idéalisé. Silvana Mangano est une Jocaste sans sourcils et sans âge. La féminité hiératique de Jocaste n'est pas érotique. La séduction charnelle se trouve du côté des hommes. Andrée Tournès dit de Silvana Mangano en jeune mère dans le prologue, qu'elle « a pour regarder son fils l'inclinaison de tête des mères bleues de Picasso »[1]. Pasolini avoue une « tendance à raphaéliser [les femmes], à exprimer leur côté *angélique* »[2]. Dans le palais ocre de Thèbes, le visage de Silvana Mangano est rendu monstrueux par le mal qui rôde autour d'elle. Il est l'immobilité d'une ressemblance qui n'a rien à quoi ressembler, qui peut donc prétendre ressembler à tout. La neutralité des traits de Jocaste revêt sur son visage un masque, sur lequel se greffent, s'impriment les images qui l'environnent. Seul le montage, l'association des plans, permet d'apposer une qualité sur le visage saisi, capté, par la caméra.

UNE ESTHETISATION GENERALISEE

Dans *Œdipe roi*, Pasolini opère une « esthétisation généralisée » de l'expérience cinématographique. Ce terme doit être compris dans le sens que lui donne le cinéaste au cours de l'entretien qu'il accorde à Jean Duflot en 1970, dans lequel il définit l'« esthétisation » comme un mélange, un amalgame[3]. Grâce à cette fusion, à cette contamination d'éléments hétéroclites et hétérogènes, le cinéaste oblitère le caractère naturel du cinématographique, transforme les propriétés

---

[1] TOURNES Andrée, « *Œdipe-roi* », *Jeune cinéma*, n°34, nov.1968.
[2] PASOLINI Pier Paolo, *Entretiens de Jean Duflot avec Pier Paolo Pasolini*, op.cit., p.114.
[3] Cf. PASOLINI Pier Paolo, « Questions de méthode », *Entretiens de Jean Duflot avec Pier Paolo Pasolini*, op.cit., p.117.

ontologique du cinématographique, convertit l'essence du cinématographique comme reproduction du réel au profit d'un faux-semblant. Ce processus est organisé autour de trois pôles : le carnaval, le simulacre, la fantasmagorie.

UNE STRUCTURE CARNAVALESQUE

Œdipe roi repose sur une esthétique et une éthique du carnaval, sur la possibilité d'échanger les rôles et les fonctions. Le carnaval est lié à l'idée du pastiche, terme qui vient de *pastis*, qui signifie « mélange ». Le pastiche caractérise toute imitation marquée par la contamination, l'impureté, la substitution du multiple à l'unique. Il désigne la confusion de l'un *et* de l'autre, la rencontre de l'un *dans* l'autre. Pasolini donne à cet amalgame parodique la primauté sur la reproduction cinématographique, comprise au sens traditionnel du terme comme copie et imitation du réel.

La mort du Père

Le carnaval est le sujet même du film en ce sens que toute l'histoire d'Œdipe tourne autour de la disparition de Laïos, père d'Œdipe. La séquence du meurtre porte à son acmé la tragédie. Si l'on se reporte au commentaire de Mikhaïl Bakhtine sur le rite des *moccoli* du carnaval romain dans *La Poétique de Dostoïevski*, le carnaval est fondamentalement lié à la mort du Père : « Le rite des *moccoli* du Carnaval romain était très caractéristique : chaque participant portait un bout de chandelle et chacun essayait d'éteindre celui de l'autre, en criant : Sois mort ! Goethe rapporte une scène tout à fait symbolique : pendant les *moccoli*, un garçon souffle la bougie de son père avec le cri joyeux : Sois mort, Signore Père ! »[1] Dans *Œdipe*

---

[1] BAKHTINE Mikhaïl, *La Poétique de Dostoïevsky*, trad. du russe Isabelle Kolitcheff, Paris, Seuil, 1970, p.174.

roi, Œdipe, après avoir tué son Père, prend sa place, épouse la femme de Laïos, sa mère, et devient roi de Thèbes, occupant les rôles et fonctions du souverain défunt. Cette prise de position peut être associée à la parodie, au pastiche. Œdipe imite son père. Cette proposition est renforcée au moment où Œdipe, devenu monarque, affiche une barbe postiche, et un couvre-chef, qui sont visiblement les mêmes que ceux portés par Laïos avant de mourir. La parodie, la pastiche, mis en exergue par Pasolini comme étant le nœud de l'intrigue, sont, enseigne Mikhaïl Bakhtine, de nature carnavalesque[1].

L'apocryphe pasolinienne

La structure carnavalesque est définie ainsi par Julia Kristeva, en référence aux analyses de Mikhaïl Bakhtine : « Dans le carnaval, le sujet est anéanti : là où s'accomplit la structure de l'auteur comme anonymat qui crée et se voit créer, comme moi et comme autre, comme homme et comme masque. »[2] Dans *Œdipe roi*, c'est précisément cette structure qui est mise en place par l'apocryphe pasolinienne. Pasolini est à la fois l'auteur du film et un personnage qui intervient doublement dans la fiction : à la fois sous les traits d'Œdipe, à travers lequel il raconte sa propre histoire, à travers lequel il dresse son autoportrait, et sous les traits du personnage du grand prêtre qu'il interprète pendant la scène où les habitants de Thèbes viennent réclamer au roi de les libérer de la peste. Pasolini brouille les cartes, car si c'est bien un pan de son histoire qu'il évoque, il se garde bien de dresser son autobiographie. Il mêle des éléments de sa vie à celle dont il dresse le portrait. En s'immisçant dans la fiction cinématographique, en s'imposant comme réalisateur du film, et comme son protagoniste indirect, Pasolini réfute le premier mode défini par Platon dans le Livre III de la *République*, un « récit simple », un récit en première

---

[1] *Ibid.*, p.175.
[2] KRISTEVA Julia, *Recherches pour une sémanalyse*, Paris, Seuil, 1969, p.160.

personne, assumé comme tel par son auteur. Cette idée est renforcée au moment où il apparaît à l'écran. Il se travestit, surgit vêtu d'un masque. Il est à la fois soi et autre. Pasolini appuie la formule rimbaldienne « Je est un autre ». Il devient *hybride* et assume la conclusion nietzschéenne : « le Moi n'est [plus] l'affirmation d'un être face à plusieurs, [mais] au contraire, [...] une pluralité de forces personnalisées dont tantôt l'une tantôt l'autre passe au premier plan en qualité d'ego et considère les autres de loin. »[1] En lui, il n'y a pas de « sujet », de « moi », mais des sujets, des moi(s). Pasolini occupe un double statut, à la fois lui-même et l'autre. Il devient lui même un autre, toujours déjà (dis)semblable. Il devient lui-même et un autre, lui-même comme un autre, lui-même e(s)t l'autre, en quelque sorte deux, en quelque sorte double de telle sorte que se révèle en lui une double nature contradictoire qui fait de lui un monstre. Il devient ainsi l'«Un différant tel qu'en lui-même » d'Héraclite et explore le vertige de l'acte mimétique. Pasolini met en scène l'échange sans terme et sans arrêt possible du même et de l'autre, son retrait et sa donation, la « venue simultanée du Même et de l'Autre », selon Michel Foucault glosant sur la mise en œuvre de ce concept dans la théophanie du *Bain de Diane*[2]. La formule « Je est un autre », utilisée explicitement par Gilles Deleuze dans *L'Image-Temps*, dans le chapitre qu'il consacre aux « puissances du faux », est, selon le philosophe, le propre de la *mimèsis*, de la simulation mimétique : « contrairement à la forme du vrai qui est unifiante et tend à l'identification d'un personnage, la puissance du faux n'est pas séparable d'une irréductible multiplicité. " Je est un autre " a remplacé Moi = Moi. »[3]

---

[1] NIETZSCHE Friedrich, *Aurore*, trad. de l'allemand Julien Hervier, *Œuvres philosophiques complètes*, Paris, Gallimard, 1970, IV, p.476.
[2] FOUCAULT Michel, « La prose d'Actéon », *NRF*, mars 1964, p.449.
[3] DELEUZE Gilles, « Les puissances du faux », *L'Image-Temps*, op.cit., p.174.

Magma stylistique/Impureté

Œdipe roi donne lieu à un carnaval des styles, grâce auquel on peut parler d'un style sans style de Pasolini.

Pasolini compose un magma stylistique fondé tout d'abord sur le contraste visuel de l'image telle qu'elle est apparaît dans le prologue et l'épilogue, et telle qu'elle est mise en scène dans la partie antique. A l'opposé des douces couleurs du prologue et de l'épilogue, les couleurs exposées dans la partie mythique sont rougeoyantes, vives, baroques. Les réminiscences plastiques du film confirment le magma stylistique. Le prologue et l'épilogue pastichent les peintures impressionnistes. La séquence du pré dans le prologue est une suite de poèmes visuels, proches de fragments exprimant ce que la lumière et les objets suscitent. La séquence du pré est le spectacle d'une joie inattendue. Une succession de plans fixes s'animent : les peupliers, la tâche solaire de la robe jaune et du chapeau de paille de la mère dans la prairie, l'enfant posé parmi les coquelicots. Dans le très beau plan de la danse, les corps de Silvana Mangano et de Luciano Bartoli se mêlent à leur ombre. Tout au long du prologue et de l'épilogue, le spectateur visite un pré qui ressemble à l'aube, une cour dont les couleurs déjà passées prédisent la future désaffection des jours doux et clairs, touche la chair d'un enfant, perçoit un paradis perdu, le cœur d'une terre bénie, les murs blancs des maisons italiennes, le sein gouleyant du lait maternel, la douceur de vivre. Dans la partie mythique, le montage se présente comme une succession de « tableaux »[1] picturaux captant l'essence de l'architecture marocaine. De nombreux plans se succèdent, montrant d'anciennes cités du Sud marocain. Ces images ne servent en rien l'intrigue. Elles sont vidées des personnages de l'histoire, elles n'existent que pour leur beauté formelle. L'origine de ces plans est plastique. De même, les gros plans de visage d'Œdipe, après la séquence de l'oracle de Delphes, consacre la rencontre du regard et du fond. Cette collusion qui n'existe qu'en tant que

---

[1] PASOLINI Pier Paolo, « Le cinéma de poésie », *L'Expérience hérétique*, op.cit., p.148.

fait cinématographique, par et dans l'opération du montage, est décrite par Pasolini dans *Ecrits sur la peinture* : « Quand mes images sont en mouvement, elles sont comme si l'objectif se déplaçait devant un tableau : je conçois toujours le fond comme le fond d'un tableau, comme un décor, c'est pour cela que je l'attaque toujours de front […]. Ce que j'aime, c'est le fond, pas le paysage […] un visage en détail. Et derrière le fond : le fond, pas le paysage. »[1] Les réminiscences plastiques confirment « l'écriture magmatique », « une écriture issue du mélange des styles »[2].

Raymonde Carasco dans « *Médée* et la double vision »[3] relève quelques indices liant la stylistique d'*Œdipe roi* aux formes « magmaïques » du cinéma de poésie. Raymonde Carasco rappelle tout d'abord que Pasolini conçoit son film comme « le plus cinématographique de tous » : « Alors que pour tous mes autres films, et surtout pour *Accattone*, […] on ne peut pas parler de cinéma, […] ici, pour la première fois, j'ai accepté les règles, certaines règles inhérentes à cette forme d'expression. Par exemple, dans tous les films, il y a un personnage qui sort du champ, le laissant vide, et un autre qui y rentre : je n'avais jamais fait cela. Je considérais qu'il s'agissait d'une règle banale. Peut-être parce que j'aime le cinéma aujourd'hui plus qu'autrefois, dans *Œdipe*, j'ai même utilisé cette figure. Il n'y avait jamais non plus, dans mes films, de cadrage avec un personnage en amorce, pour les mêmes raisons : dans *Œdipe*, il y en a beaucoup. Il est inutile de poursuivre l'inventaire : en ce sens, il y a bien ici cette découverte du cinéma dont vous parlez. »[4] Raymonde Carasco évoque une « composition contrapuntique » selon laquelle le classicisme dans la mise en

---

[1] PASOLINI Pier Paolo, « Mon goût cinématographique » cité in « Pasolini cinéaste », *Cahiers du cinéma*, Hors-série, 1981, p.23, et présenté et retraduit intégralement par Hervé Joubert-Laurencin, in *Ecrits sur la peinture*, Paris, Carré, 1997, p.32.
[2] PASOLINI Pier Paolo, *Entretiens de Jean Duflot avec Pier Paolo Pasolini*, op.cit., p.117.
[3] CARASCO Raymonde, « *Médée* et la double vision » in *Pasolini, Revue d'Esthétique*, op.cit., pp.69-78.
[4] PASOLINI, « *Œdipe roi* », *Cahiers du cinéma*, nov.1967, n°195, p.13. Cité in CARASCO Raymonde, « *Médée* et la double vision », op.cit., p.74.

cadre de la partie antique (au niveau du calcul réglé des entrées et sorties de champ notamment), est « la ligne ferme à partir de laquelle pouvaient s'iriser les pointes expressives dans le prologue et l'épilogue »[1]. Raymonde Carasco relève aussi la présence des intertitres, comme significative du magma stylistique. Pasolini utilise le discours du cinéma muet, les cartons, en inscrivant sur des pierres les directions des villes de « Tebe » ou « Corinto ». Les inscriptions en carton constituent ce qu'il est de droit d'appeler le paradigme pasolinien de la crypte, des pierres tombales. Dans *Œdipe roi*, les inscriptions écrites, lapidaires, opèrent un « brouillage » du sens écrit. Comme le montre Jacques Fieschi, dans les deux écrits qu'il consacre à la question des intertitres et des cartons, en confrontant le moderne et le muet[2] : « Dans le grand mystère muet, la parole de l'intertitre venait arrimer le sens. [Ici], ce sens écrit se met en question et s'inflige un nouveau brouillage. »[3]

Paradoxalement, le roman de Pasolini, *Le Rêve d'une chose*, écrit en 1948 et 1949[4] va donner une idée du « magma stylistique », du style composite, propre à *Œdipe roi*. Les premiers chapitres de la première partie (1948) sont néo-réalistes, tel un récit objectif à l'américaine, mais le chapitre V, « Milio à Fribourg », est soudain écrit à la première personne (le personnage raconte), dans le style folklorique, gentil, un peu geignard de la littérature régionale suisse-allemande du 19ème siècle.

Pasolini utilise des fictions de langue qui travaillent sur la liberté stylistique : il se sert de langue dialectale, d'argot, de codes littéraires. L'esthétique pasolinienne est fondée sur la citation, sur la contamination, autrement dit sur le pastiche. Le chapitre V est écrit au discours indirect libre. Or, Pasolini

---

[1] CARASCO Raymonde, « *Médée* et la double vision », op.cit., p.74.
[2] FIESCHI Jacques, « Mots en images » et « Cartons, chiffres et lettres » in *Cinématographe*, n°21 et 32, oct.1976 et nov.1977.
[3] Cette phrase de Jacques Fieschi est utilisée à propos de Jean-Luc Godard. FIESCHI Jacques, « Mots en images » in *Cinématographe*, n°21, oct.1976.
[4] PASOLINI Pier Paolo, *Le Rêve d'une chose*, trad. de l'italien par Angélique Levi, Paris, Gallimard, 1988.

explique précisément, dans « La volonté de Dante d'être poète », qu'une œuvre qui introduit le discours indirect libre ne possède aucune unité linguistique[1] : « Les écrits de Dante parce qu'ils se fondent sur la « *mimèsis* » totale de la psychologie et des pratiques sociales des personnages, s'appuient sur les différences linguistiques des classes sociales. »[2]

Le magma stylistique d'*Œdipe roi* est l'équivalent cinématographique de ce que Pasolini a d'abord actualisé sous le concept linguistique de « discours indirect libre ». A travers lui, Pasolini donne à *Œdipe roi* les puissances propres du roman : le cinéma cesse d'être narratif, il devient romanesque. Mikhaïl Bakhtine caractérise le roman, par opposition à l'épopée ou la tragédie, comme n'ayant plus l'unité collective ou distributive par laquelle les personnages parlaient encore un seul et même langage[3]. Le roman est défini par Bakhtine par son « plurilinguisme »[4] : il emprunte soit la langue courante anonyme, soit la langue d'une classe, d'un groupe, d'une profession, soit la langue propre d'un personnage. Gilles Deleuze, se référant à Pasolini, détermine, dans *L'Image-Temps*, le cinéma moderne comme brisant l'uniformité du monologue intérieur pour y substituer la diversité, la difformité, l'altérité d'un discours indirect libre[5]. Le monologue intérieur est le discours revécu par l'auteur à travers un personnage qui est au moins idéalement de sa classe, de sa

---

[1] Cf. PASOLINI Pier Paolo, « La volonté de Dante d'être poète », *L'Expérience hérétique*, op.cit.
[2] PASOLINI Pier Paolo, « Sur le discours indirect libre », *L'Expérience hérétique*, op.cit., p.42.
[3] Cf. BAKHTINE Mikhaïl : Sur le discours indirect libre : *Le Marxisme et la philosophie du langage, essai d'application de la méthode sociologique en linguistique*, trad. du russe par Marina Yaguello, Paris, Minuit, 1977. Sur le « plurilinguisme » et le rôle des genres dans le roman, cf. *Esthétique et théorie du roman*, trad. du russe par Daria Olivier, Paris, Gallimard, 1987, p.122 sq.
[4] Gilles Deleuze considère Bakhtine comme le meilleur théoricien du discours indirect libre avant Pasolini. Cf. DELEUZE Gilles, La Pensée et le cinéma », *L'Image-Temps*, op.cit., note 56, p.244.
[5] Cf. DELEUZE Gilles, « Les puissances du faux », *L'Image-Temps*, op.cit., p.194 : « Pasolini a tiré pour son compte les conséquences de cette nouvelle situation dans ce qu'il appelait « cinéma de poésie » […] La caméra prenait une vision subjective, acquérait une vision intérieure, qui entrait dans un rapport de simulation (« *mimèsis* ») avec la manière de voir du personnage. »

génération, d'une même situation. C'est du récit, pas du discours, il est écrit au style indirect libre, donc sans guillemets. Pasolini oppose à l'uniformité la *mimèsis*. Le concept de *mimèsis* appartient à Pasolini. Il le formule comme tel dans ses textes pour définir le processus de reproduction auquel fait appel le discours indirect libre : « Au moment même où l'Arioste opère son abaissement linguistique, et en l'abaissant, rapproche la langue de la poésie de la langue de prose, il accomplit un premier acte générique de la *mimèsis* linguistique vécue. »[1] Ce procédé existe déjà chez Dante : « Dante s'est servi de matériaux propres à une élite : il s'est servi d'un jargon, qu'il n'utilisait sûrement pas lui-même, ni dans son milieu social, ni en tant que poète. C'est donc un emploi mimétique. »[2] Le discours indirect libre s'appuie sur la réalité, opérant à la façon d'un documentaire au niveau de la réalité représentée, à travers un processus de *mimèsis* d'où naît un mélange des styles.

La *mimèsis* coïncide avec le brouillage carnavalesque des genres tels qu'ils sont définis dans la *République*[3]. Elle est présentée comme *kunstprosa*, « prose d'art »[4], type hybride mais fondamental dont la philosophie ne dispose d'aucun mot ni d'aucun concept. Ce non-genre anonyme est introduit par Aristote au début de la *Poétique*[5] comme ce qui brouille la classification des genres parce que la *mimèsis* s'y exaspère dans et par le langage seul. La « prose d'art » est liée au pastiche. En

---

[1] PASOLINI Pier Paolo, « Sur le discours indirect libre », *L'Expérience hérétique*, op.cit., p.43.
[2] *Ibid.*, p.44.
[3] Cf. *L'Absolu littéraire, Théorie de la littérature du romantisme allemand*, textes choisis par Philippe LACOUE-LABARTHE et Jean-Luc NANCY, Paris, Seuil, 1978.
[4] Comme le remarque Hervé Joubert-Laurencin dans « Genèse d'un penseur hérétique », la « prose d'art » est une notion fréquemment utilisée par Pasolini dans les années 50. En se reportant à « La confusion des styles » de *Passion et idéologie*, il définit la « prose d'art » comme une réaction stylistique qui sélectionne un lexique pour exprimer « l'objectif, l'historique », « la redécouverte de la réalité ». Cf. JOUBERT-LAURENCIN Hervé, « Genèse d'un penseur hérétique », in PASOLINI Pier Paolo, *Ecrits sur le cinéma*, op.cit., p.31.
[5] ARISTOTE, *Poétique*, op.cit., 1447 b.

effet, le terme de « pastiche » désigne une œuvre littéraire dans laquelle l'auteur a imité une manière, un style, soit pour s'approprier des qualités empruntées, soit par exercice de style ou dans une intention parodique. Pasolini lui-même évoque la parenté des deux termes dans un texte essentiel daté de 1965 et consacré à *L'Evangile selon Saint Matthieu* dans lequel il affirme : « c'est l'utilisation de ce discours indirect libre qui est cause de la contamination stylistique, du magma en question. »[1] Le magma stylistique est dû au discours indirect libre : d'une part, le récit est la traduction des yeux de l'auteur, d'autre part, il est vu par les yeux d'un témoin[2]. Il est un amalgame.

Œdipe roi s'appuie sur la rencontre de l'expérience du multiple et sa hiérarchisation poétique. L'ensemble manque d'unité. Pasolini introduit dans son film le syncrétisme culturel – associé dans un entretien accordé à Jean Duflot, au baroque[3] – qui ne répond pas seulement à une exigence intime du poète, mais sert d'abord le propos exact du cinéaste. Il amalgame le tragique et le grotesque[4]. En traduisant l'*Œdipe roi* de Sophocle, en respectant la grandeur dramatique et sublime du texte original, mais en introduisant dans certains vers le parti du prosaïsme, et surtout en insérant, dans le corps du film, des plans triviaux, tels que le plan sur Polybe se lavant les pieds, le cinéaste unit au sein de son film des genres différents. Pasolini évoque ce paradigme dans l'entretien qu'il accorde à Jean Duflot :

---

[1] PASOLINI Pier Paolo, « Le cinéma selon Pasolini », *Cahiers du cinéma*, n°169, août 1965.
[2] A propos de *l'Evangile selon Saint Matthieu,* Pasolini précise : « …pour pouvoir raconter l'Evangile, j'ai dû me plonger dans l'âme de quelqu'un qui croit. Là est le discours indirect libre : d'une part le récit est vu par mes propres yeux, de l'autre, il est vu par les yeux d'un croyant […] C'est ainsi que, sans le vouloir précisément, j'ai été amené à renverser toute ma technique cinématographique et qu'est né ce magma stylistique qui est le propre du cinéma de poésie. », *Ibid.*
[3] « Je n'ai rien contre ce titre de baroque », dit Pier Paolo Pasolini in PASOLINI Pier Paolo, « Questions de méthode », *Entretiens de Jean Duflot avec Pier Paolo Pasolini*, op.cit., p.117.
[4] Pier Paolo Pasolini revient dans l'entretien qu'il accorde à Jean Duflot sur l'amalgame des genres : « Amalgame du sublime et du comique dont parle Auerbach », *Ibid.*

« J'aime élaborer…Amalgamer…C'est toujours mon penchant pour le pastiche, sans doute ! Et…le refus du naturel. »[1]

Dans *Œdipe roi*, on peut parler d'un magma des bruits, des sons, de la musique. La dimension expressive est soulignée par une bande sonore très « contaminée » : des chants populaires russes et roumains se mêlent aux rythmes nord-africains, à la musique de Mozart qui accompagne les moments vécus par Jocaste et Œdipe. Le bruitage allie des chants populaires roumains à résonance religieuse, à la musique de Mozart et au bruit oppressant des grillons.

Le multiple

Le corpus pasolinien

Pasolini met en scène des corps différents, corps excentrés plus qu'excentriques. Les corps sont désancrés : un corpus errant d'hommes et de femmes ne parvient pas à constituer une même communauté. Des corps pâles, des corps mats, des corps païens, sauvages, s'entremêlent et s'exhibent comme en un conflit. Des corps indiens, africains, marocains, blancs, apparaissent dans la même peuplade, exposant une impureté d'origine. Seule la dissémination prend corps : les particularités physiques se contaminent jusqu'à créer un corps matériel, sourd, vil, obscène.

Les costumes constituent un patchwork dans lequel se mélangent la culture africaine ancienne, l'antiquité sumérienne, la tradition aztèque. L'importance des costumes bigarrés, traditionnels et pastichés (costumes de la culture africaine ancienne, de l'antiquité sumérienne, de la tradition aztèque), qui n'exhibent aucune ressemblance avec les costumes de l'époque grecque antique, la prédominance du décor, tout ceci fait dire à Dominique Noguez, à la sortie d'*Œdipe roi*, que seul l'adjectif

---

[1] *Ibid.*, p.119.

« pasolinien » peut rendre compte de cet immense et impensable *pastis*[1].

Œdipe roi substitue le multiple à l'unique en mettant également en scène un carnaval des sexes. L'oracle de Delphes n'est pas identifiable, son sexe ne peut être défini : sa voix rauque est à la fois masculine et féminine, son visage est caché rendant indéfinissable une distinction sexuelle. Parce qu'il n'est pas reconnaissable, il participe à une stratégie des apparences qui permet de surmonter la loi de « l'un ou l'autre » dont un aphorisme de *L'Evangile selon Saint Thomas* déclare l'objectif : « Que le mâle ne soit pas mâle et que la femme ne soit pas femme », certifiant que la multitude est l'universel où doit se perdre la différence entre homme et femme, comme entre sage et fou, pour osciller entre « ni l'un ni l'autre » et « l'un et l'autre ». L'oracle est travesti, à la fois homme et femme, masque, dérision d'identité, il perd tout défini dans un non-lieu où les identités jouent entre elles comme des semblants d'où le logos s'éclipse.

Répétition visuelle des corps

Dans *Œdipe roi*, les corps sont multiples. Silvana Mangano incarne à la fois la jeune mère du prologue et Jocaste. Le père du prologue et le personnage de Laïos sont interprétés par le même acteur, Luciano Bartoli. Le film joue sur la répétition visuelle des corps, des voix, qui riment jusqu'à l'obsession. Les corps traversent le film d'une époque à une autre, d'un rôle à l'autre. La multiplicité indéfinie des travestissements des comédiens (Ninetto Davoli, Franco Citti…) constitue l'essence du cinéma pasolinien. Un corps unique est multiplié dans une série de rôles principaux ou secondaires. L'acteur est multiple. Pasolini imbrique de manière complexe acteurs et amis. Le jeune assistant réalisateur du film, Jean-Claude Biette, apparaît,

---

[1] - Le *pastis* est étymologiquement lié au pastiche. Ce dernier provient du latin populaire « pasticium » qui implique l'idée d'un mélange.

le temps d'un plan, dans la fiction[1]. Pasolini confie des rôles à des amis et aux parents des acteurs habituels : Francesco Leonetti et Giandomenico Davoli, le père de Ninetto, jouent dans le film[2]. Le trafic incessant des corps, des visages, des travestissements, entre les différents épisodes du film rend le corps inauthentique. Celui-ci est mis en scène sur le mode de l'absence de sujet, de son dérobement. Le corps de l'acteur est donné comme *mimèsis*. Trois traits configurent cette *mimèsis* : le corps de l'acteur est la figure de l'unique qui devient tous et n'importe qui, le corps cinématographique ressemble à tout et n'importe quoi, le rapport au corps est fondé sur son impropriété fondamentale. *Œdipe roi* est régi par la loi d'impropriété de la *mimèsis*. La *mimèsis*, telle que la définit Platon, est l'aptitude à jouer tous les rôles, aptitude qui entraîne l'échange incontrôlable des rôles et des fonctions, celle des artistes, des sophistes, des prostituées et des gens de théâtre, entre dissociation et dissolution, qui affirme que le sujet n'est rien par lui-même, et que, comme tel, le non-sujet, le sans sujet est aussi bien sujet multiplié, infiniment pluriel et polyphonique.

Postiches et masques

De nombreux travestissements, déguisements et postiches, traversent *Œdipe roi*, affirmant le *Schein*, l'éclat de l'apparaître, qui porte le film à se justifier essentiellement comme phénomène esthétique, de telle sorte que c'est la consécration ultime de l'apparence qui devient la référence.
Comme en témoignent les nombreux couvre-chefs, les costumes débordent l'image.
L'acteur jouant Laïos porte visiblement une barbe postiche, équivalente comme le note Hervé Joubert-Laurencin dans

---

[1] Parfois, des intellectuels apparaissent dans les films de Pasolini. Le philosophe italien Giorgio Agamben incarne l'apôtre Philippe dans *L'Evangile selon Saint Mathieu*.
[2] Des membres de la famille de Pasolini apparaissent dans ses films : la mère de Pasolini joue dans *L'Evangile selon Saint Matthieu* et *Théorème*.

Pasolini, Portrait du poète en cinéaste, à celle d'Ivan le Terrible dans le film homonyme d'Eisenstein, que Roland Barthes donnait comme archétype du « troisième sens », du « sens obtus »[1], comme « le luxe inutile des choses vraies »[2]. Ce postiche s'exhibe comme tel lorsque Œdipe, un peu plus tard dans le film, devenu roi de Thèbes, porte une même barbe et une couronne primitive similaires à celles revêtues par son père avant de mourir.

L'oracle de Delphes et le Sphinx sont théâtralement parés d'un masque. Respectant une tradition millénaire et universelle, le masque est, de l'autre côté du miroir, un défi à l'enfermement dans la langue, la plongée dans l'hétérogène qui fait communiquer vie et mort, homme et bête, l'affleurement du chaos, l'irruption de l'Autre. Dans des mythes qui nous ont été rapportés, le masque, contemporain de l'inceste originel, témoigne du dehors de la loi. Le masque de l'oracle de Delphes a une fonction *apotropaïque*, à la fois illusion et affirmation de l'illusion, jeu du voilement et du dévoilement, de la pudeur et de l'impudeur, de la vérité et de la non-vérité, reconnaissance de l'inexpugnable étrangeté.

Le postiche déborde l'image, l'excède, exhibant non le monde des apparences, mais le monde dans son apparence resplendissante, par-delà l'opposition de l'être et de l'apparaître, le monde dans sa réalité répétée encore une fois.

---

[1] BARTHES Roland, « Le troisième sens », *Cahiers du cinéma*, n°222, juillet 1970 ; et cf. *L'Obvie et l'obtus, Essais critiques II*, Paris, Seuil, 1982, pp.43-61.
[2] AMENGUAL Barthélemy, *Le Cuirassé Potemkine*, Nathan, 1992, coll. « Synopsis », n°13, p.80.

SIMULACRE

Œdipe roi contredit le cinéma naturaliste[1]. A l'opposé d'une conception « naturelle » de la vision cinématographique, Pasolini « dénature » le cinématographique. N'adoptant aucun respect à l'égard de la vraisemblance, il s'érige contre le faux-réalisme, insérant le cinématographique dans la définition que Platon assigne au terme de *mimèsis* au Livre X de la *République*. Examinée sous sa forme généralisée, elle est définie comme un simulacre qui affecte, paralyse la notion de vérité, d'essence, n'entretient aucun rapport avec l'ontologie, l'essence. La *mimèsis* est une contrefaçon. Elle n'est pas liée à la vérité, aux apparences premières, c'est une image parodique. Pasolini, dans *Œdipe roi*, légitime un art sans ressemblance en faisant de l'image cinématographique une similitude qui ne renvoie à rien. Pasolini apporte ainsi une solution radicale au problème platonicien de la vérité. La question de la vérité est remplacée par celle de l'authenticité. Si l'on se reporte à l'analyse de Gilles Deleuze dans *Logique du sens*, le simulacre est moins un faux qu'une puissance du faux qui ruine la délimitation de la vérité et du mensonge[2], c'est une simulation. Dans *Œdipe roi*, une puissance du faux se substitue au régime de la vérité. Ce film incarne ce point où le monde de la vérité devient une fable : *incipit parodia, incipit tragoedia*[3].

---

[1] Pasolini rejette toute forme du « naturel ». Cf. PASOLINI Pier Paolo, « Questions de méthode », *Entretiens de Jean Duflot avec Pier Paolo Pasolini*, op.cit., p.122.
[2] DELEUZE Gilles, « Simulacre et philosophie antique I : Platon et le simulacre », *Logique du sens*, op.cit.
[3] NIETZSCHE Friedrich, dernier aphorisme du livre IV du *Gai Savoir*, trad. de l'allemand par Julien Hervier, *Œuvres philosophiques complètes*, Paris, Gallimard, 1982, V.

Jouer faux

Le jeu de l'acteur dans *Œdipe roi* ne tend pas vers le faire-vrai mais vers le jouer-faux. Ce refus du naturel s'exprime, entre autres, à travers la pratique du doublage qui dénature les voix et une direction d'acteurs qui va à l'encontre de leur jeu habituel.
Interrogé par Jean Duflot sur les voix de ses films[1], Pasolini précise qu'il n'emploie jamais le son direct, que les voix sont doublées, ou par d'autres acteurs ou par les acteurs eux-mêmes, afin de les déshabituer du « jeu théâtral bourgeois »[2] préoccupé de « naturel et de fioriture »[3].
Devant le palais de Thèbes, pendant le long monologue proféré par Tirésias, la voix de Julian Beck est post-synchronisée. Sa parole est décalée, l'harmonie qui lie la voix au corps est déchirée. La post-synchronisation refuse le naturalisme, le réalisme : Julian Beck n'incarne pas Tirésias, il exhibe les lois physiques du simulacre, le mime de l'être-là présent vers le corps de celui qui n'est pas là. Dans cette scène, effectuée sans prise de son direct, l'acteur double son propre corps, qui aurait pu aussi être doublé par un autre. Le discours de Tirésias n'appartient ni à la voix qui le prononce ni au corps de celui qui le rend effectif, il se donne à une voix, s'offre à un corps. La post-synchronisation est porteuse du concept durassien de « faux-semblant », jeu d'échos d'autant plus incertain qu'il ne provient que de sa propre réflexion, démultipliée par la relance interne de l'image et du son. On peut parler d'un *in, off, out, through* des corps et des voix : les voix post-synchronisées sont à la fois dans et hors du corps, elles le traversent et délient le corps de l'acteur de celui du personnage qu'il joue. Les voix s'entendent ainsi dans une sorte de présence distanciée. Réside pour Hervé Joubert-Laurencin, dans la post-synchronisation, l'un des éléments fondamentaux de la poétique pasolinienne, la

---

[1] PASOLINI Pier Paolo, « Questions de méthode », *Entretiens de Jean Duflot avec Pier Paolo Pasolini*, op.cit., p.119-120.
[2] Cf. PASOLINI Pier Paolo, « Manifeste pour un nouveau théâtre », repris in *Entretiens de Jean Duflot avec Pier Paolo Pasolini*, op.cit.
[3] PASOLINI Pier Paolo, « Questions de méthode », *Entretiens de Jean Duflot avec Pier Paolo Pasolini*, op.cit., p.122.

« subjective indirecte libre », l'impureté, qui passe par le rapport complexe du corps et des voix[1]. Pasolini s'est clairement exprimé là-dessus : « Le doublage, en déformant la voix, en altérant les correspondances qui relient le timbre, les intonations, les inflexions d'une voix à un visage, à un type de comportements, confère un nouveau mystère au film. Sans compter que très souvent, si vous voulez obtenir un rapport déterminé entre son et image, un rapport de valeurs précises, vous êtes contraints de changer une voix. Cela dit, j'aime élaborer une voix, le combiner à tous les autres éléments d'une physionomie, d'un comportement. »[2]

La post-synchronisation participe éminemment d'une désintégration. Michel Chion, analysant le paradoxe du play-back tel qu'il fonctionne dans *Parsifal*, affirme que la synchronisation n'a plus pour but de *faire croire*, puisque le corps qui mime reste ostensiblement étranger à la voix qu'il s'attribue, soit parce que c'est un visage de fille sur une voix d'homme, soit parce qu'ils sont deux à la revendiquer. La dissociation de la voix entendue et du corps n'est donc pas surmontée, mais confirmée, accentuée. Elle entre dans la fonction créatrice de *mythe*. Elle fait du corps visible non plus quelque chose qui imite l'émission de la voix, mais qui constitue un récepteur ou un destinataire absolu[3]. La post-synchronisation d'*Œdipe roi* fonctionne similairement, elle ne propose pas à la voix de devenir présence charnelle, mais de penser le leurre par lequel la présence charnelle se dissipe dans la voix. L'image avoue sa nature de fantasme.

Le jeu expressionniste des acteurs installe un malaise proche de la nausée : le ton des acteurs « outré » à dessein par fidélité à une certaine ironie brechtienne, volontairement faux, n'a rien à voir avec le savoir-faire ou le savoir-être. Pasolini rompt avec toute orthodoxie de la vraisemblance.

---

[1] JOUBERT-LAURENCIN Hervé, « De la vie et des marionnettes », *Pasolini, portrait du poète en cinéaste*, op.cit., p.111.
[2] PASOLINI Pier Paolo, *Les Dernières paroles d'un impie*, op.cit., p.144.
[3] Cf. Michel CHION, « L'aveu », *Cahiers du cinéma*, n°338, juillet 1982.

L'espace comme simulacre

Œdipe roi ne retourne pas de manière quasi-documentaire sur les lieux probables de l'histoire oedipienne. La Grèce antique est transposée dans un Maroc qui brûle l'image. Ouarzazate, Zagora et Ibn-Adu s'imposent comme fragments excentriques d'un hors-champ doublement imaginaire, à la fois topographique et culturel. Seuls les quelques panneaux cryptiques, qui disent « Tebe » ou « Corinto », donnent à lire la Grèce dans un décor visiblement autre, sans la reconstruire archéologiquement ou sémantiquement. Les villages rocailleux nichés aux flancs des montagnes diffèrent du faste des dômes antiques. Pasolini impose à la ville du prologue le nom impossible de Thèbes – puisque l'on voit que l'on est en Europe. L'image est à la fois productrice de son propre espace et organisée d'un autre lieu absent, d'une il-localité, d'une utopie invisible. Les lieux imitent d'autres lieux, les *pastichent*. L'espace s'affiche comme simulacre, ressemblance trompeuse, imposture. Marie-Claire Ropars-Wuilleumier, dans *Ecraniques, le film du texte*, détermine la forme cinématographique du simulacre, à partir des analyses de Maurice Blanchot. Le simulacre est défini comme « la fissure invisible de l'unité », « la différence de l'identique », la « non identité du même », il vient spécifier une « duplicité irréductible de l'Un »[1]. Michel Foucault définit le concept de simulacre par « la venue simultanée du Même et de l'Autre »[2] dont se « souvient » *Œdipe roi* où apparaissent à la fois le Maroc et la Grèce antique. Le panneau TEBE, posé au milieu du paysage italien, exhibe deux images en une. C'est le mensonge de la fiction qui s'écrit, l'omniprésence de l'image signifiée comme un trompe-l'œil.

---

[1] BLANCHOT Maurice, *L'Amitié*, Paris, Gallimard, 1970, p.186 et p.190. Au cœur de *L'Amitié*, à mi-chemin d'un parcours qui jalonne « la fissure invisible de l'unité », Maurice Blanchot inscrit Marguerite Duras, avec *Détruire dit-elle*, l'élisant ainsi, comme Georges Bataille, Mallarmé ou Kafka, pour reconnaître une écriture de la modernité. Cf. le texte sur Marguerite Duras, « Détruire », p.132-136.
[2] FOUCAULT Michel, « La prose d'Actéon », *NRF*, mars 1964, p.449.

LA FANTASMAGORIE

Dans *Œdipe roi*, le statut de l'image est non ontologique. Le cinématographique renvoie toute ontologie à son statut d'image, au simulacre originel de l'essence. Il se fonde sur l'union de l'image et de l'ombre, du double et de l'absence, plus réelle que la présence : ce film inscrit le cinéma comme conscience poétique.

L'image, dans ce film, est fantasmagorique. Liée à un rêve, la fantasmagorie n'a aucun rapport avec la nature intime des choses, seulement avec une ombre. Elle a à voir avec le simulacre : le mot « simulacre » est la traduction du grec ancien « *phantasma* ». « *Phantasma* » peut se traduire par fantasmagorie. La fantasmagorie est *mimèsis*. La *mimèsis* est le théâtre d'ombres mis en scène par l'artiste, le *thaumatopoi*, montreur de prestiges qui double le monde jusqu'à s'y substituer, décrit par Platon dans le Livre VII de la *République*[1]. Examinée sous sa forme généralisée dans le Livre X de la *République*, la *mimèsis* est définie comme un trompe-l'œil, n'entretenant qu'un rapport de ressemblance avec le réel. Elle est, selon le philosophe grec, la « forme que les images renvoient dans un miroir »[2].

Les corps fantasmagoriques

La fantasmagorie est un procédé technique, très en vogue au dix-huitième siècle, qui consistait à faire apparaître des fantômes par illusion d'optique, c'est-à-dire à faire émerger dans la matérialité du monde, par des effets techniques, l'immatérialité du « surnaturel ». Ce procédé est mis en scène par Pasolini dans *Œdipe roi*.

---

[1] PLATON, *République*, op.cit., VII, 533 a.
[2] PLATON, *Timée*, trad. du grec Luc Brisson, Paris, Flammarion, 1992, 46 a.

Corps auréolés de rêve

Pasolini magnifie ses personnages. Dans la séquence de la première nuit d'amour d'Œdipe et de sa mère-épouse, une source lumineuse émane du visage de Jocaste, qui contraste avec l'obscurité de la chambre nuptiale, haute, vaste et pourtant étroite, repliée sur elle-même par les fenêtres qui l'assombrissent et la vident. Dans le premier plan fixé sur Jocaste, elle rayonne littéralement. Les teintes sombres du lit sur lequel sa tête est posée accentuent son éclat, lui donnent une dimension auratique. Cette immatérialité du visage est créée de l'extérieur, par des effets stylistiques. Une mythologie se greffe sur l'univers du film et lui donne une autre dimension[1].

Des « cadavres oniriques »

Les corps mis en scène par Pasolini sont liés à *Thanatos*. Le corps de Jocaste est un corps passant, suivi et presque saisi jusqu'à même la mort, depuis le prologue et jusqu'à sa pendaison. Autour et sur le corps inanimé de Jocaste, les teintes bleues de sa robe, les coloris rouges des rideaux, ressortent. La lumière entre doucement par la fenêtre, se mêle à l'ombre. Ces reflets lumineux, qui contrastent avec l'obscurité de la pièce, auréolent le personnage et l'isolent du décor, l'enveloppant d'une charge onirique qui met aussi en valeur la violence funèbre de la scène. Le cadavre de Jocaste est investi par la

---

[1] Cette immatérialité, l'aura qui émane des personnages, selon le sens que nous lui donnons ici, n'est pas le sacré au sens religieux du terme, évoqué par Pier Paolo Pasolini dans l'entretien qu'il accorde à Jean Duflot et dans lequel il parle de sa « hantise de découvrir les êtres et les choses comme des engins (mondes), des machines chargées de sacralité » : « Quand je fais un film, dit Pasolini, je me mets en état de fascination devant un objet, une chose, un visage, des regards, un paysage, comme s'il s'agissait d'un engin où le sacré fût en imminence d'explosion », PASOLINI Pier Paolo, « Conscience du langage, le style », *Entretiens de Jean Duflot avec Pier Paolo Pasolini,* op.cit., p.101.

fantasmagorie. Le terme de cadavre se traduit en allemand moderne par « *Leiche* ». Etymologiquement, ce terme remonte au moyen-haut allemand « *lich* », au gothique « *leik* » et enfin à la racine *lig indiquant l'apparence, la figure, la ressemblance. Il lie la mort à l'image et au fantasme. Chez les Romains, le mort s'identifiait avec l'image, il était l'*imago* par excellence. Les *imagines* étaient les masques de cire de l'ancêtre que les patriciens romains conservaient dans les vestibules de leur maison. Le premier effet de la mort était ainsi de transformer le mort en fantasme – la *larva* des latins et le *fasma* des Grecs. *Thanatos* est précisément lié à la fantasmagorie et à l'image. Pasolini, en constituant un corpus de spectres, convertit les corps des personnages en fantasmagorie. Dans *Œdipe roi*, les corps n'ont rien d'authentique, ils n'ont de rapport qu'avec leur ombre.

Quel est le sens de cette fantasmagorie ?

Hervé Joubert-Laurencin, dans l'article qu'il consacre à la question de l'acteur dans le cinéma de Pasolini, « Acteurs fétiches : le rêve d'une chose ? »[1], conçoit la fantasmagorie comme la collusion d'une production technique d'illusion optique et d'un second sens, provenant de l'explicitation par Karl Marx du terme de fantasmagorie, la chosification de l'humain. Dans *Le Capital*, Marx montre en effet que le capitalisme induit entre les hommes des rapports qui prennent la « forme fantasmagorique d'un rapport entre les choses »[2]. Les hommes, dans les rapports sociaux que leur impose le capitalisme, en arrivent à se rapporter à l'autre comme à une chose, à un autre réifié. Et ce rapport à l'autre comme chose prend la forme d'une fantasmagorie, c'est-à-dire d'une relation qui mime l'humanité mais reste fondamentalement réifiée, qui donne l'illusion de la vie mais tend inexorablement à chosifier les êtres. Or, Pasolini lui-même, dans un texte intitulé « Thétis », évoque la réification du corps – la perte de son authenticité – entraînée par l'idéologie hédoniste et la fausse

---

[1] JOUBERT-LAURENCIN Hervé, « Acteurs fétiches : le rêve d'une chose ? » in *Pasolini*, *Revue d'esthétique*, op.cit.
[2] MARX Karl, *Le Capital*, I, t.I, trad. de l'all. Joseph Roy, Paris, Editions sociales, p.85.

tolérance[1]. Selon Hervé Joubert-Laurencin, les cadavres oniriques constituant le corpus pasolinien, à travers une expérience propre à la poésie moderne, répondent au processus de chosification des corps. Citant Giorgio Agamben dans *Stanze*, il énumère les solutions que les poètes modernes, Baudelaire le premier, ont proposé pour contrer cette perte : l'« appropriation de l'irréalité », l'« anti-humanisme » grâce auxquels le dandy « élevé au rang de chose » devient un « cadavre vivant tendu vers un au-delà de l'humain »[2]. C'est cette expérience qui donne selon lui, au cinéaste, sa place si atypique et « réalise son aspiration à être plus moderne que tous les modernes »[3]. Hervé Joubert-Laurencin, en articulant la fantasmagorie pasolinienne sur la rencontre du concept de Marx et de la référence première du concept de fantasmagorie, y décèle la possibilité de produire l'illusion de matérialité et de vie en des lieux non matériels et non vivants. Selon lui, les corps qui investissent le cinéma de Pasolini sont une chimère physique dans l'inertie du corps cinématographique. Le corps de l'acteur pasolinien répond à sa chosification par le rêve et l'inauthenticité[4]. Autrement dit, en auréolant ces corps du rêve, Pasolini fait de l'image cinématographique, un dédoublement, un simulacre. Il peut ainsi être affirmé que, dans *Œdipe roi*, les corps se transforment en icônes.

---

[1] PASOLINI Pier Paolo, *Thétis*, in *Pasolini, Revue d'esthétique*, op.cit. Texte traduit par Dominique Noguez.
[2] AGAMBEN Giorgio, « Le beau Brummell ou l'appropriation de l'irréalité », *Stanze, parole et fantasme dans la culture occidentale*, op.cit., p.90.
[3] JOUBERT-LAURENCIN Hervé, « Acteurs fétiches : le rêve d'une chose ? », op.cit., p.94.
[4] Selon Hervé Joubert-Laurencin, Pier Paolo Pasolini met en scène, en 1975, dans *Salo ou les 120 journées de Sodome*, l'état de mercantilisation absolue du corps, quand il n'y a même plus le recours au rêve. Cf. JOUBERT-LAURENCIN Hervé, « Acteurs-fétiches, le rêve d'une chose », op.cit., p.94.

L'image fantasmagorique

Pasolini choisit l'image contre son référent. *Œdipe roi* est un film délibérément fantasmatique, irréaliste, fabuleux, qui ne renvoie à aucune réalité référentielle. Pour comprendre la manière dont *Œdipe roi* détruit celle-ci, il faut se référer à la théorisation, par le philosophe allemand Walter Benjamin, de la fantasmagorie.

Walter Benjamin, dans *L'Origine du drame baroque allemand*[1], explicite le terme de fantasmagorie en repérant les aspects qu'elle revêt dans les formes concrètes de l'univers moderne. Il tente de montrer d'une part, que le fantasmagorique est rendu possible par l'accélération vertigineuse des moyens techniques de production, et, d'autre part qu'il dépasse largement la sphère réduite de la production, et apparaît, de façon beaucoup plus évidente, dans les marges de cette sphère, et plus spécialement dans le domaine de l'art. Le fantasmagorique est profondément lié, pour Benjamin, à la modernité, cette modernité qui éclôt au dix-neuvième siècle. La modernité, explique-t-il, entraîne la perte de l'authenticité. Chaque objet, par le fait de l'industrialisation, peut être reproduit, de manière identique, des milliers de fois, et en tous points de l'espace. L'objet premier, dans la modernité, ressemble à sa copie de telle manière qu'il est désormais impossible de distinguer un modèle et son image. De même, dans le champ de l'art, avec la reproductibilité technique, par le biais de l'invention du cinématographique, toute œuvre va être destinée à la possibilité d'une reproduction infinie et à l'identique. Le cinéma n'a pu vivre et éclore sans la modernité, il n'a pu être inventé sans l'idée, absolument moderne, de reproduction de la réalité. Il est toujours déjà reproduction, c'est-à-dire que la production première est elle même déjà reproduction. Son origine, sa réalité unique, se trouvent, par essence, déjà contaminées par le reproductible. Selon Walter Benjamin, la destruction de l'originalité et de l'originarité se nomme fantasmagorie. *Œdipe roi* met en scène la fantasmagorie telle qu'elle est décrite par Benjamin en créant

---

[1] BENJAMIN Walter, *L'Origine du drame baroque allemand*, op.cit.

un espace imaginaire, un espace propre aux images. Dans le film de Pasolini, rien ne se passe qui ne provienne du caractère de l'image. Le cinéma de Pasolini est tout entier image, non seulement contenant des images ou mettant la réalité en figures, mais étant sa propre image, image de cinéma – et non cinéma en images -, il est sa propre absence, un signe où les choses se font images. Nous sommes loin de la considération qui voit dans le cinématographique une copie, une imitation du réel.

De même que pour Walter Benjamin, la perte d'identité dans le monde moderne n'est pas un constat d'échec, la perte de naturel est, dans le film de Pasolini, le surgissement d'une tentative d'authenticité dans un monde où elle est vouée à disparaître. Dans le *Livre des Passages*, traduit en français sous le titre *Paris, Capitale du dix-neuvième siècle*[1], Benjamin se donne pour tâche de repérer, dans les formes fantasmagoriques, la trace de vérité qui s'y trouve dissimulée. Dans ce qui prétend faire le plus illusion, dit-il, la fantasmagorie en arrive à produire d'elle-même une vision dénuée de toute illusion, une vision qui expose la vérité de cette illusion, l'essence de cette évolution, la genèse de ce devenir illusoire. Pasolini produit, dans *Œdipe roi*, à travers l'image poétique qu'il décèle, une marque d'authenticité dans l'inauthenticité. Ce film appelle une seconde vision qui décèle sa puissance du faux, ce que la fiction construit et décide seule, ce qui change l'image en mirage. Le faux devient authentique. L'image s'avoue comme telle, fantasme, illusion, et expose le devenir être faux de toute image.

---

[1] BENJAMIN Walter, *Paris, capitale du 19ème siècle : Le livre des passages*, trad. de l'allemand par Jean Lacoste, Paris, Cerf, 1989, « Passages ».

PARTIE IV : LE MYTHE ET LA BARBARIE

La barbarie, dans l'itinéraire pasolinien, a à voir avec le sacré, entendu au sens de ne pas trouver la nature « naturelle »[1]. La barbarie d'*Œdipe roi* se situe avant tout au niveau de la représentation que Pasolini donne de la cruauté, au sens artaudien du terme. Elle est liée à l'inceste, aux relations que le cinéaste entretient avec le mythe.

LE SEXE ET LE SACRE

Dans *Œdipe roi*, Pasolini introduit un rapport entre le sexe et le sacré, entre l'inceste et le versant religieux de la répétition. Hervé Joubert-Laurencin dans *Pasolini, portrait du poète en cinéaste*, détermine le choix du mythe d'Œdipe par « le rapport, proprement pasolinien, qu'il établit, dans l'histoire de la pensée comme des représentations, entre le sexe et le sacré, entre le versant proprement religieux de la répétition : le rite, et la transgression la plus universelle – la plus universellement « prohibée » : l'inceste »[2]. Il rappelle que dans un entretien avec Jean-André Fieschi de 1967, Pasolini non seulement explique

---

[1] Cf. PASOLINI Pier Paolo, « Eloge de la barbarie. Nostalgie du sacré », *Entretiens de Pier Paolo Pasolini avec Jean Duflot*, op.cit., p.87.
[2] JOUBERT-LAURENCIN Hervé, « *Œdipe roi* : Trois-Deux-Un », *Pasolini, portrait du poète en cinéaste*, op.cit., p.220.

que l'idée du film date du tournage d'*Accattone,* mais que son écriture définitive et sa véritable mise en route s'est faite à Cannes, à la mi-mai 1966, pendant la présentation de *Uccellacci e uccellini*, « tout en écrivant le projet de *Théorème* » : « L'été dernier à Cannes, j'ai écrit le sujet de *Théorème*, et tandis que j'écrivais *Théorème*, le scénario d'*Œdipe* a pris forme. *Théorème* est un film dans lequel l'inceste est multiplié au moins par cinq et se mêle à l'idée de Dieu, dans le sens où la personne avec laquelle les cinq membres de la famille commettent l'inceste est tout simplement Dieu. Ce sont justement ces thèmes du divin et de l'inceste qui ont redonné vie à *Œdipe*, qui s'est imposé à ma "*fantasia*" et que j'ai tourné en premier. »[1]

Mais si *Théorème* est un « film allégorique »[2], « une œuvre où chaque chose signifie autre chose, renvoie à une autre réalité »[3], si dans *Théorème*, le jeune hôte est défini par Pasolini comme « l'allégorie de Dieu »[4], autrement dit si ce film exprime l'inceste et le sacré par une représentation, par des indices, des connexions abstraites, dans *Œdipe roi*, l'inceste et le sacré sont exprimés sans médiation, dans et par le langage même du film tout autant que dans l'intrigue. Pasolini parvient, par la présence nue de l'image, à exhiber les figures infigurables de la répétition, de l'*imitation*, que sont l'inceste et le sacré.

L'INCESTE

Œdipe roi développe le thème de l'inceste sous plusieurs formes : l'union avec la mère, explicite, avouée, visible, et ses *analogons* métaphoriques. L'inceste est la forme première,

---

[1] PASOLINI Pier Paolo, « Venise 67 », « Entretien avec Pier Paolo Pasolini par Jean-André Fieschi », *Cahiers du cinéma* n°195, nov.1967. Cité in JOUBERT-LAURENCIN Hervé, « *Œdipe roi* : Trois-Deux-Un », *Pasolini, portrait du poète en cinéaste*, op.cit., p.220.
[2] PASOLINI Pier Paolo, « Conscience du langage, le style », *Entretiens de Jean Duflot avec Pier Paolo Pasolini*, op.cit., p.102.
[3] *Ibid.*
[4] *Ibid.*

primitive et primordiale, de la répétition : le même s'unit avec le même.

L'union avec la mère

Dans la pièce grecque, Sophocle éprouve, vérifie que le fils veut posséder charnellement sa mère, et que ce désir l'oppose au père. Le poète grec ose cette affirmation : « Ne te tourmente donc pas à l'idée d'épouser ta mère. Souvent les mortels ont cru, dans leurs rêves, s'unir à leur mère. »[1] Sophocle le sait mais se garde bien de l'exhiber : « Mais qui dédaigne ces imaginations, supporte au mieux la vie. »[2] C'est seulement au bout de 2000 ans que l'aveu deviendra licite, à travers ce que Freud, prenant Sophocle que comme le maillon le plus représentatif d'une longue chaîne de poètes, nomme le « complexe d'Œdipe ». L'inceste, le désir de la mère, imprègnent le film dans son ensemble.

Ventre maternel

De nombreux motifs sont liés au sexe de la femme, à un orifice, au trou élargi de la femme. L'emblème de la vie est aussi le lieu symbolique de l'inceste.
Œdipe roi débute par la naissance d'Œdipe. Les premières images du film sont celles d'un accouchement. L'œuvre s'ouvre sur l'image – au sens métaphorique du terme – du sexe de la femme, du sexe de la mère. Ce film impose la reconnaissance de la matière – *hûlé*, le bord nocturne et le résidu analytique de l'intelligence – comme une profondeur ténébreuse qui a à la fois fonction d'origine – la *materia / mater* – et de limite – l'autre dans le travail de la distinction, un indéterminé – *aoriston*.

---

[1] SOPHOCLE, *Œdipe roi*, Paris, Hatier, 1925, p.42.
[2] *Ibid.*

Dans le prologue, un large panoramique, filé sur les frondaisons, au-dessus de la prairie natale, tisse un cocon autour de l'enfant, atteignant vite, selon Barthélemy Amengual, à « l'abstraction d'une tapisserie mouvante qui part du visage de la mère et s'achève sur l'herbe »[1]. Pasolini installe Œdipe à l'intérieur de ce cocon, ce dais, ce dôme, qui rappelle le ventre maternel. Philippe Lacoue-Labarthe, dans *Pasolini, une improvisation*, se réfère, mais sans jamais la citer, à cette séquence et l'associe au désir d'Œdipe : « La mère et l'enfant dans la prairie immémoriale (*vaffacunlo*) et l'antérieur bruissement du vent : la présentation au souffle, le plus âcre. La mère, une lenteur, l'enfant, le geste renversé du désir, d'une précision absolue, plus puissant que l'innocence qui le trouble. »[2]

Dès les premières images de la partie mythique, l'enfant Œdipe, porté par le serviteur de Laïos sur le Mont Cithéron, est attaché par les pieds, la tête attirée vers la mère terre, vers la puissance du changement, la puissance génésique de la mère, de la femme, de la terre, de la matière, la puissance délétère du temps, la richesse inépuisable du chaos.

La dernière réplique du film, « La vie finit où elle commence », unie au panoramique sur les arbres et le ciel du pré natal qui redescend vers l'herbe et la terre au début du film et à sa fin, rappelle le sein de la mère, Gaïa, la Mère-terre.

Le ventre maternel et ses symboles sont le signe métaphorique de l'union incestueuse avec la Mère, emblème du « complexe d'Œdipe », explicite dans le film, mais le renforçant.

Le Complexe d'Œdipe

Sophocle, assuré de l'universalité de ce désir scandaleux, faisait du désir de la mère une fatalité. Le propos de Sophocle n'est

---

[1] AMENGUAL Barthélemy, « *Œdipe roi* : quand le mythe console de l'Histoire » in *Pasolini I : le mythe et le sacré*, op.cit., p.78.
[2] LACOUE-LABARTHE Philippe, *Pasolini, une improvisation*, Ed. William Blake, 1995, coll. « La Pharmacie de Platon », p.10-11.

pas la victoire écrasante du Destin : Œdipe quitte Corinthe parce qu'il a, peut-être, désiré sa mère Mérope. Le songe d'Œdipe à Corinthe, dans *Œdipe roi* de Pasolini, pourrait être là aussi un songe révélateur. Déjà Jean Cocteau dans *Les Parents terribles* et *La Machine infernale* traitait du mythe d'Œdipe et peignait Œdipe amoureux de Mérope. Sophocle suggère la séduction de l'*hybris*, de la démesure, en vue d'une *catharsis* tant personnelle que collective. Et pourtant, Œdipe trouve cette vérité, l'idée d'une contre-nature, en la fuyant. Dans *Œdipe roi*, l'inceste est consommé. Non pas à Corinthe mais à Thèbes. Non pas entre Œdipe et Mérope, mais avec Jocaste. Dans un double sens, à la fois volontairement et involontairement. Pasolini s'en explique : « Ils se sont épousés par la volonté des autres, mais derrière cette volonté, il y avait la leur, subtile et quasiment impudique. »[1] Pasolini, dans cette phrase, ne distingue pas le Mythe littéraire, légendaire, d'Œdipe, du « complexe d'Œdipe ». Les sourires et les regards de Jocaste et d'Œdipe sont, dit Pasolini, sourires et regards de *complices*. Sophocle mettait en valeur la manière dont Jocaste niait, au nom de l'idée et du rêve, une réalité possible et déjà même plus que probable. Pasolini rend licite cette réalité : Jocaste, dans la scène 33, prononce ces quelques mots : « Pourquoi l'idée d'être l'amant de ta mère t'effraie-t-elle ? En rêve, beaucoup d'hommes ont couché avec leur mère. Ça ne les effraie pas. »[2] D'où le cri, une séquence plus loin, qui n'est pas dans Sophocle et qui jette Œdipe au cou de Jocaste : « Mère ». Jocaste, la mère-épouse, révèle à Œdipe, avec une tranquillité prodigieuse, et précisément sous l'excuse de la généralité, l'insignifiance de l'interdit contre lequel sa singularité doit se briser et se déterminer jusqu'à la folie, car au tourment déclaré

---

[1] Scénario d'*Œdipe roi*, *L'Avant-scène cinéma*, op.cit., p.22.
[2] Dans *Œdipe roi* de Sophocle, il est écrit : « ŒDIPE : Mais le lit de ma mère ? N'ai-je pas lieu de le redouter ? JOCASTE : Faut-il se tourmenter sans trêve ? L'homme est l'esclave du hasard ; il ne peut rien prévoir à coup sûr. Le mieux est de s'en remettre à la fortune le plus qu'on peut. La menace de l'inceste ne doit pas t'effrayer : plus d'un mortel a partagé en songe le lit de sa mère. Pour qui sait surmonter ses frayeurs, comme la vie est plus simple. », SOPHOCLE, *Œdipe roi*, trad. du grec Robert Pignarre, Paris, Flammarion, 1964, p.129.

d'Œdipe, elle répond en annonçant le désir sans loi, par une recommandation dans laquelle il faut bien lire une invitation à tout enfreindre, tentation destinée à séduire la loi même afin que la loi à son tour se fasse attrayante, séduisante, trompeuse, souverainement impure. C'est la même Jocaste qui, par une indication destinée à chacun de nous, désigne mystérieusement en Œdipe l'appartenance à la parole-limite ; puisqu'il n'y a pas d'autre parole pour lui que celle où l'horreur ou la terreur parle et se fait parole : « Il [Œdipe] est à qui lui parle quand on lui parle d'épouvante. »[1] Jocaste est la seule à détenir en son être les mots de vérité, c'est pourquoi elle porte la mort qu'elle engendre, comme si la mort était son véritable enfant avec qui elle s'unit alors de droit, de même qu'à cette mort Œdipe ne manque pas de s'unir chaque fois que, par inconnaissance, s'unissant à sa mère, il retourne à son origine. Sait-elle qu'Œdipe est son fils ? « Lacan, précise Moustafa Safouan dans un article consacré à Œdipe, a noté les indices, faciles à retrouver après lui, où transparaît que Jocaste savait ce qu'ignorait Œdipe. D'où la question : ce savoir ne faisait-il pas partie de sa jouissance ? »[2] Dans l'*Œdipe roi* de Pasolini, le sourire ambigu de Jocaste est celui de celle qui sait. Son regard bleu menteur laisse penser qu'elle connaît la vérité. Le sourire blanc, bleu, et lisse de Silvana Mangano, seule dans sa chambre et écoutant au dehors la montée de l'évidence aveuglante, évoque son délice, sa volupté. Ses lèvres sont souillées. L'œil troué d'Œdipe est seulement scriptible dans son opposition au regard de sa mère. Lorsque Jocaste, à travers les paroles qu'elle adresse à son fils, consent à l'inceste, au cœur de son acte, la fausseté de son regard bleu devient le baiser putride, maudit, qui met fin à toute idylle, le baiser des premières communions qui met fin à toute communauté.

---

[1] SOPHOCLE, *Œdipe roi*, in *Tragiques I*, trad. du grec J. Grosjean, Paris, Gallimard, Bibliothèque de la Pléiade, 1967, v.928.
[2] SAFOUAN Moustafa, *Le Structuralisme en psychanalyse*, Paris, Seuil, 1973, coll. « Points », n°47, p.88.

Le pré

Le pré symboliquement maternel du prologue, qui apparaît après un long panoramique sur les arbres et le ciel qui redescend vers l'herbe, que l'on retrouve dans l'épilogue, mais vide, est le pré sur lequel adviennent les amours transgressives[1]. Le film se clôt sur de l'herbe plein cadre. L'*erba*, dans la poétique pasolinienne, explique Hervé Joubert-Laurencin dans *Pasolini, portrait du poète en cinéaste*, est « le sexe, synonyme, comme chez Freud, d'énergie universelle, signe de mort en même temps que d'éternel recommencement, d'éternelle répétition du Je(u) avec l'autre. »[2] C'est dans ce pré que sont placés ensemble pour la première fois du film – dans le prologue, l'enfant qui deviendra Œdipe et sa mère. Cette scène annonce la sexualité perverse qu'Œdipe va établir avec Jocaste, une sexualité maudite, infantile, blessée, fragmentée, palpitante. Lors de la première scène de coït, Œdipe se laisse aller à un glissement vertigineux dans l'antre de sa femme, dans un sexe ordurier, obscène, impudique. Le phallus, emblème mythologique de la fécondité et de la puissance reproductrice de la Nature, s'enfonce dans un sexe qui est donné comme ce qui pénètre au point secret des choses, comme ce qui participe du ruissellement indéfini de l'univers qui détruit et réduit à l'inorganique tout ce qu'il met au monde.

La répétition, dont la forme première est l'inceste maternel, est poussée à son comble dans un autre processus mis en exergue par Pasolini : l'inceste paternel, la pédérastie.

---

[1] De multiples citations de l'œuvre écrite pasolinienne en témoignent : Cf. l'analyse de Stefano Agosti, qui rencontre quelques occurrences du motif de l'« herbe », et en livre peut-être les origines littéraires : « Ivre d'herbe et de ténèbres », introduction à ZIGAINA Giuseppe, *Pasolini et la mort*, Ramsay, 1990, pp.7-25, et surtout, pp.23-25.
[2] JOUBERT-LAURENCIN Hervé, « Œdipe roi : Trois-Deux-Un », *Pasolini, portrait du poète en cinéaste*, op.cit., p.227.

La répétition absolue : la pédérastie

Pendant la séquence de la première nuit d'amour entre Jocaste et Oedipe, deux plans s'unissent pour signifier la pénétration masculine. Dans ces deux plans, Œdipe est « pris de dos » une seule fois. Cet effet de style impliquant la sodomie explicite l'effet de chiasme entre la fin du prologue et le début de la partie mythique : un effet de montage – différent du montage traditionnel – juxtapose au plan sur le bébé, tenu tête en bas par son père, le bébé suspendu, pieds et poings liés au bâton du berger qui chemine vers le Cithéron, et qui attire la tête de l'enfant vers la Terre-Mère. Un chiasme entre Père et Mère les identifie l'un à l'autre et transforme la figuration de l'inceste maternel en inceste paternel. Cet effet devient vertigineux si l'on se remet en mémoire que le père d'Œdipe, Laïos, est considéré comme l'inventeur mythique de la pédérastie. Selon la mythologie, de la malédiction qu'il s'attira découlèrent tous les maux dont sa postérité allait souffrir jusqu'à la conquête de Thèbes. Un oracle lui interdit d'avoir des enfants, il passa outre. Cet héritage prend, dans *Œdipe roi*, la forme muette, infante, terrifiante de la monstruosité.

Dans *Œdipe roi*, Pasolini échange le féminin contre le masculin. Il le précise lui-même : « Le seul changement important, par rapport à Sophocle, c'est qu'à la fin j'ai supprimé l'intrusion des filles, parce qu'au fond, j'ai changé l'Œdipe même. Les filles ne correspondaient pas à mon Œdipe, ni Antigone. »[1] L'intrusion des filles d'Œdipe, parmi lesquelles Antigone, est remplacée par l'intervention d'un jeune homme insouciant, Angelo, messager des rois et des devins, qui sera encore un messager, mais porteur de télégrammes dans *Théorème*. Dans *Œdipe roi*, le personnage incarné par Ninetto Davoli joue à la balle avec de grands enfants, donne à manger aux oiseaux, il prodigue des soins maternels. Pasolini intervertit l'identité des sexes.

---

[1] PASOLINI Pier Paolo, « Venise 67 », « Entretien avec Pier Paolo Pasolini par Jean-André Fieschi », *Cahiers du cinéma*, n°195, nov.1967.

LA PESTE

« Œdipe et Freud apportèrent tous deux la peste. »

André GREEN

La relation incestueuse d'Œdipe et de Jocaste apporte la peste à Thèbes.
Le spectacle des vautours, des corbeaux, des cadavres, des chants et des cortèges funèbres, laisse entendre que l'union des deux amants est sacrilège. La pourriture des corps s'est introduite dans *Œdipe roi* comme suivant toute répétition. Le caractère répétitif de l'inceste met à mort l'Unique. Le caractère monstrueux de la transgression sexuelle, l'hybride, engendre le différentiel. La première scène de coït entre Œdipe et Jocaste, est entrecoupée de plans montrant un ou plusieurs cadavres de pestiférés, corps putréfiés : au montage, à chaque fois que le corps du roi recouvre celui de la reine, le plan suivant montre un ou plusieurs cadavres pestiférés : dans le premier cas, il semble même, à cause de la position de la charogne, voir le contrechamp sur Jocaste étendue. Les entrailles de la terre posent sur le corps d'Œdipe puis sur celui de Jocaste les stigmates de la pourriture, de la décomposition. Les corps morts, inaugurant la seconde partie du film – après qu'Œdipe ait été nommé roi, exposent l'image cinématographique comme originaire aliénation, souillure, obscénité. Ces plans font de l'œuvre un excrément, ils récitent l'œuvre comme histoire de la défécation. Ces plans s'insinuent comme maladie originelle dans l'image cinématographique.
Pasolini insère, dans *Œdipe roi*, le religieux et le sacrificiel. Cette interprétation est figurée, tout d'abord, dans deux scènes dans lesquelles Œdipe, dans le désert, entre Delphes et Corinthe, partage les rituels et les rites de groupes ethniques. L'ivresse, l'effusion érotique, l'effusion poétique sont liées à l'effusion du sacrifice. Dans la scène 24, les Thébains brûlent des corps en sacrifice. Ces corps, recouverts de beau linge, sont offerts au dieu afin de purifier la ville de la peste. Au principe de ce sacrifice religieux, se trouvent l'imitation et la dramatisation. La crémation des cadavres pestiférés est

théâtralisée. Elle est mise en scène sur le mode d'un cérémonial, où les participants forment processions et parades. Pasolini, dans *Œdipe roi*, s'acharne à retrouver ce qui constitue l'essence de la pièce de Sophocle : l'interprétation religieuse et sacrificielle du mal social. Dans la scène 21, qui correspond à la première scène de la pièce de Sophocle, Œdipe, sur le parvis du palais, reçoit la visite du grand prêtre qui l'implore de trouver la cause des maux de Thèbes, et de les en guérir. « Trouve un remède », lui demande le grand prêtre, invoquant la nécessité d'un *pharmakon*. La panacée du mal est donnée par Créon dans la scène suivante, lorsqu'il revient du sanctuaire d'Apollon : « Pour vaincre le mal qui afflige Thèbes, il faut la libérer d'un pestiféré incurable. » Celui-ci, poursuit Créon, « doit mourir ou être exilé pour le meurtre qui est la cause de notre malheur ». Ces paroles explicitent la quête d'une victime émissaire, qui constitue pour Friedrich Hölderlin, dans sa traduction d'*Œdipe roi* de Sophocle, *Œdipe le tyran*, et dans les *Remarques sur Œdipe* qui l'accompagnent, l'essence de la tragédie sophocléenne. Hölderlin restitue le texte grec ainsi : « CREON : Clairement il nous a priés, Phoibos, le roi : On doit, cette souillure nourrie sur le sol, la chasser du pays, ne pas nourrir l'inguérissable. OEDIPE : Par quelle purification ? Quel est-il le malheur ? CREON : Il faut bannir, ou que nous réparions un meurtre par un meurtre, c'est un tel sang qui enfièvre la ville. »[1] Cette scène, sur laquelle repose, aux yeux du poète allemand l'intrigue de la pièce, le *muthos*, présente le caractère mimétique du sacrifice : le dieu réclame un meurtre pour répondre au meurtre commis. Le crime ne sera absout que par son équivalence. Œdipe, en se crevant les yeux à la fin de l'œuvre, incarne le *pharmakon*, la victime émissaire. Ce retour vers Sophocle, ce pas en arrière, entraîne le cinéaste vers ce qui hante Platon sous le terme de *mimèsis* et contre quoi il se bat de toute sa détermination jusqu'à trouver le moyen d'en arrêter et d'en fixer le concept. Œdipe, en s'exilant de Thèbes, et en se crevant les yeux, prend sur lui les malheurs de Thèbes, il s'en charge, personnifiant ainsi l'impropriété, le défaut d'être, c'est-

---

[1] HÖLDERLIN Friedrich, Acte I, scène 2, *Œdipe le tyran*, op.cit., v.94-100.

à-dire non seulement l'indifférenciation et le dédoublement sans terme, mais aussi le mimétisme lui-même, l'absence d'identité.

Œdipe roi est un ténébreux laboratoire, mettant en scène une expérience cosmogonique située entre le sacré et la désacralisation.

LE SACRE

LE SACRE COMME FORME ESTHETIQUE

Dans *Œdipe roi*, Pasolini recourt à une esthétique du sacré. Le sacré surgit comme forme de la représentation. Pasolini met en scène le « sacré, chose par chose, objet par objet, image par image »[1]. Cette instauration du sacré passe par le détournement opéré par le cinéaste des motifs chrétiens. Après la première scène de coït entre Œdipe et Jocaste, la position des pieds de celle-ci rappelle le motif de la crucifixion. Pendant cette scène intime, un plan en plongée appose le regard sur la position des pieds de Jocaste, légèrement l'un sur l'autre, en une nouvelle « scandaleuse et exhibitionniste crucifixion à l'envers »[2]. Pasolini pastiche un symbole christique, le condamne à la répétition, en y mêlant la mythologie. L'allégorie antique est amalgamée à l'exégèse chrétienne. Les figures les plus classiques voient s'inverser leurs significations et leurs fonctions. Pour Joël Magny, Pasolini crée dans ses œuvres une « esthétique de la transgression »[3] des mythes, des formes. Si le monde n'a rien perdu de sa sacralité, si les prêtres, les officiants restent les devins possesseurs de la vérité, c'est un sacré, profane qui persiste, celui qui revêt une forme esthétique. Cette dialectique se trouve directement légitimée par son objet, elle

---

[1] PASOLINI Pier Paolo, *Les Dernières paroles d'un impie*, op.cit., p.121.
[2] JOUBERT-LAURENCIN Hervé, « Vocation de Saint Matthieu », *Pasolini, Portrait du poète en cinéaste*, op.cit., p.51.
[3] MAGNY Joël, « *Accattone* et *Mamma Roma* : une écriture mythique en voie de développement », in *Pasolini I, le mythe et le sacré*, op.cit., p.19.

distingue le réel et le naturel : « Mon amour fétichiste pour les " choses du monde " m'empêche de les voir naturelles. Il les consacre et il les déconsacre une à une »[1]. Philippe Lacoue-Labarthe, dans *Pasolini, une improvisation,* décèle dans l'œuvre du cinéaste italien l'idée d'une sainteté athée. Celle-ci désigne le moment où l'art remplace la religion. A travers le motif de la crucifixion renversée, Pasolini sexualise le sacré. Le péché de chair répond insolemment au Verbe de Dieu fait chair dans le Christ sans péché. Jocaste n'est pas Marie-Madeleine, la pécheresse repentie aux pieds du Christ, le regard s'élevant vers le ciel, qui, parce qu'elle « complète dans sa chair ce qui manque aux souffrances du Christ »[2], se fait vérité du corps souffrant de l'incarnation. Le corps de Jocaste est réduit à la pure matérialité insensée de son tracé. Il est condamné à la répétition, à l'imperfection. La crucifixion à l'envers décentre le corps déserté de Jocaste. Celui-ci est une esquisse de corps, une icône vouée à la répétition, destinée à chercher du sens dans un corps qui ne s'accomplit qu'à travers l'exténuation du corps du Christ, dans la folie de la croix. Selon Hervé Joubert-Laurencin, la « vocation cinématographique pasolinienne pourrait se résumer à une scandaleuse et exhibitionniste (mais pas inédite dans l'histoire de la peinture religieuse) crucifixion à l'envers, comme le figure spectaculairement le regard sur Pasolini d'un artiste contemporain, Ernest Pignon Ernest, qui, à l'occasion d'un travail graphique sur le mythe pasolinien, installa 400 sérigraphies sur les murs de la ville de Certaldo en 1980, dont plusieurs d'entre elles, collées la tête en bas, représentaient le Crucifié. »[3] Ernest Pignon Ernest s'en explique : « Après cela, on comprend que l'image du crucifié " à l'envers " se soit imposée à moi comme une évidence, au point que ce n'est qu'une fois le dessin terminé que j'ai pensé à Saint Paul qui ne s'estimait pas digne d'être crucifié comme le Christ. »[4]

---

[1] PASOLINI Pier Paolo, « Langue et paroles », *Entretiens de Jean Duflot avec Pier Paolo Pasolini,* op.cit., p.131.
[2] *Lettre de saint Paul Apôtre aux Colossiens,* I, 24.
[3] JOUBERT-LAURENCIN Hervé, « Cinq morts saintes », *Pasolini, portrait du poète en cinéaste,* op.cit., p.51.
[4] *Ernest Pignon Ernest,* Herscher, 1990, p.110. Cité in JOUBERT-LAURENCIN Hervé, « Cinq morts saintes », *Portrait du poète en cinéaste,*

Dans *Œdipe roi*, d'une part, le sacré est esthétisé, et d'autre part, il porte trace d'une désacralisation, en ce qu'il est voué à abandonner les hommes.

LA DESACRALISATION

> « La nature marque partout un Dieu perdu
> et dans l'homme et hors de l'homme. »
> PASCAL[1]

Pasolini entame dans son film un processus de désacralisation. *Œdipe roi* est tragique. Si l'oracle de Delphes, rendu terrible et ironique par un gros plan en contre-plongée, confirme les dires de Cocteau qui voyait dans le destin d'Œdipe « une des plus parfaites machines construites par les dieux pour l'anéantissement d'un mortel »[2], *Œdipe roi*, comme *Théorème* selon Pasolini lui-même, est un « poème en forme de cri de désespoir »[3], où les hommes sont abandonnés des dieux. Les dieux ont fait « volte-face ».

Un Œdipe muet

Œdipe est abandonné à lui-même, sans ressource, immobile et muet. Il n'est pas victime d'une frayeur religieuse, mais de la découverte de sa propre perte de sens. La désacralisation est toute entière gestuelle, corporelle et pré-verbale. Œdipe tombe

---

op.cit., p.51. Ernest Pignon Ernest fait une confusion, il ne s'agit pas de saint Paul mais de saint Pierre.
[1] PASCAL Blaise, *Pensées*, Paris, Seuil, 1978, n°471.
[2] COCTEAU Jean, cité in MOREL Jacques, *La Tragédie*, Paris, A. Colin, 1964, p.169.
[3] PASOLINI Pier Paolo, *Entretiens de Jean Duflot avec Pier Paolo Pasolini*, op.cit., p.83. Pasolini emploie cette formule à propos de *Théorème*. Le tragique de *Théorème* est fait de « l'irruption du sacré dans la vie quotidienne », *Ibid.*, p.113.

et le vent pousse un cri. Le silence d'Œdipe est ontologique. Œdipe ne parle pas, il crie. Dans la scène 34, il hurle les doutes qui l'assaillent : « Mon père est Polybe et ma mère est Merope. » Son cri renvoie au cri muet de *Mamma Roma* : « O mère, mère, pourquoi m'as-tu abandonné ? » Limier sur ses propres traces, Œdipe crie sous le mauvais traitement que lui infligent ses mains. On ne trouve en ses discours aucune pensée, aucune réflexion. Pure lamentation, muré dans l'énigme de sa douleur, Œdipe ne résonne que de ses plaintes et de ses cris. Le cri d'Œdipe est la figure de l'effroi qui le prive du logos et ne lui laisse qu'une voix inarticulée et inquiétante. L'Œdipe de Pasolini est muet, presque muet[1]. Les voix des femmes, leurs chants, rumeur de voix multiples, désubjectivisées, font entendre le fond tragique, amènent à la lumière crue la vérité nocturne et cachée. Ce chœur de femmes se mêle au bruit du vent et constitue un chant impie.

Le détournement catégorique

Œdipe roi est fondé sur le détournement du dieu. Le moment de la césure tragique – le meurtre du père – est ce que Friedrich Hölderlin nomme, dans *Les Remarques sur Œdipe*, le « transport ». Le « transport » désigne « le moment » tragique du retournement (révolte ou volte-face), il réfère à un mot de Kant : le « détournement catégorique » du divin. Le meurtre du père voit s'accomplir le destin, non pas tant les volontés des

---

[1] Dans *L'Imitation des Modernes*, dans l'article qu'il consacre à Œdipe, « Le dernier philosophe », Philippe Lacoue-Labarthe rappelle que « Walter Benjamin dit, dans une note à propos de l'*Œdipe* de Gide – cet Œdipe à qui Gide fait dire que, de toute façon, il était décidé à répondre " l'homme " [à l'énigme du Sphinx] – qu'il est arrivé quelque chose à Œdipe entre le moment où il est apparu pour la première fois sur la scène du théâtre de Dionysos et nous : " Fort peu de choses, dit-il, mais d'un grand effet. Œdipe a conquis la parole ". » Car l'Œdipe de Sophocle était, comme celui de Pasolini, presque muet. Il correspond à la définition du héros tragique par Rosensweig, rappelée par Benjamin : « Le héros tragique n'a qu'un langage entièrement à sa mesure, c'est le silence ». Cf. LACOUE-LABARTHE Philippe, « Le dernier philosophe », *L'Imitation des Modernes*, Paris, Galilée, 1985, p.218.

dieux, que celui de qui est abandonné des dieux. Ainsi, le destin d'Œdipe devient-il le symbole du destin *moderne*, hespérien, de l'*athéos*, de l'exilé dans sa patrie, de celui qui n'est pas lui-même. Car Œdipe n'est jamais celui qu'il pense être. Il fuit Corinthe pour échapper à ce qu'il croit être. Et se retrouve à Thèbes sans savoir ce qu'il est. Pasolini s'inscrit dans la lignée de Sophocle qui, dans son *Œdipe roi* se réfère explicitement à l'abandon divin : « Le divin s'est en allé » dit-il[1]. La référence à Friedrich Nietzsche et à la mort de Dieu est ici explicite. Nietzsche figure, à travers la symbolique de la mort de Dieu, une modernité.

L'errance mélancolique

Dans l'épilogue, les personnages, en exil, errent. L'épilogue est l'adaptation d'*Œdipe à Colone* de Sophocle. Or, l'on sait qu'*Œdipe roi* et *Œdipe à Colone* sont considérés comme figure du tragique moderne. Philippe Lacoue-Labarthe, dans *Pasolini, une improvisation*, définit le tragique moderne par opposition à l'ancien : « La modernité est dévastation, désolation. Celui qui se tient dans cette désolation, s'y maintient, solitaire, mais non endeuillé, est " privé de Dieu ". Dans le tragique ancien, le dieu est présent dans la figure de la mort. » [2] Selon Philippe Lacoue-Labarthe, *Œdipe à Colone* est l'acceptation, l'accomplissement du « tragique moderne », c'est-à-dire le calme et lucide affrontement de la finitude. Dans l'épilogue de l'œuvre pasolinienne, le personnage est condamné à une longue errance. C'est un personnage fatigué, épuisé, un corps auquel les souffrances ont enseigné la résignation, c'est-à-dire, si nous suivons l'étymologie grecque de ce terme – le verbe « *stergein* », à la fois le consentement et l'attachement à une seconde vie, mort vivante. Œdipe représente l'intrusion de la mort dans la vie à travers cette errance mélancolique. Dans *Œdipe roi*, l'éclat du prologue laisse place dans l'épilogue à la

---

[1] SOPHOCLE, *Œdipe roi*, trad. J et M. Bollack, Paris, Minuit, 1985, v.921.
[2] LACOUE-LABARTHE Philippe, *Pasolini, une improvisation*, op.cit., p.10.

douleur de l'attente. L'existence d'Œdipe y est réduite à la stérile attente sans présent, une attente sans terme, qui pourtant est aussi l'attente riche et pleine du pressentiment dans lequel se préparent la vision et la venue de ce qui toujours vient. S'y joue tout un destin poétique. Œdipe vagabonde dans les rues, nostalgique. Il peut encore s'engager vers la mort, mais il a perdu la mort comme terme.

Le gestus d'Œdipe

Un geste est réitéré à plusieurs reprises dans *Œdipe roi*. Il symbolise la terreur devant le rien, il est l'emblème de l'épouvante d'un homme face au vide. Œdipe place sa main devant sa bouche, la mord, la dévore, dans un geste d'effroi. Celui-ci est lié au prodigieux, au colossal, à l'énorme, l'excessif, à l'incommensurable, au sublime. Ce geste est un défaut qui originellement l'affecte, la différence qui le césure. Son corps est immobile, suspendu entre l'attente et la douleur, entre le temps et son silence, entre le sens et le non-sens. Jocaste réitère ce geste : pendant la révélation de Tirésias, elle se mord la main comme Œdipe, puis sourit. Ce geste est un *gestus*. La notion de *gestus* vient de Bertolt Brecht, qui en fait l'essence du théâtre, irréductible au sujet et à l'intrigue. Elle désigne la transformation rendue sensible, des attitudes et postures du corps quotidien en un corps devenu grotesque par la théâtralisation du corps. Bertolt Brecht en fait l'essence du théâtre, irréductible au sujet et à l'intrigue. C'est un geste exagéré, un spectacle, une théâtralisation ou une dramatisation qui vaut pour toute intrigue. Bien qu'il y ait d'autres sortes de *gestus*, Bertolt Brecht le définit comme étant principalement social[1]. Il n'est pas une cérémonie – il serait alors vide, mais une mise en cérémonie des attitudes « les plus courantes, les

---

[1] Cf. BRECHT Bertolt, « Musique et *gestus* », *Ecrits sur le théâtre*, Paris, Gallimard, 2000, coll. « Bibliothèque de la Pléiade », traduit par Bernard Danoun, Guy Deflet, et Jean Tailleur, textes présentés et annotés par Bernard Danoun.

plus vulgaires, les plus banales ». Roland Barthes, dans « Diderot, Brecht, Eisenstein », extrait de *L'Obvie et l'Obtus*, précise que c'est le geste exagéré par lequel la couturière vérifie la monnaie chez Brecht, ou bien, chez Eisenstein, « le graphisme excessif dont le bureaucrate de *La Ligne générale* signe ses paperasses. » Par le *gestus*, le cinéma opère une théâtralisation plus profonde que le théâtre lui-même.

Entre déterminisme et liberté

Dans *Œdipe roi*, le hasard et le destin sont brouillés. Déjà, dans l'*Œdipe* de Sophocle, une phrase de Jocaste, « Le mieux est de vivre au hasard, comme on peut », prédisait un processus de désacralisation, indiquant que les dieux ne sont pas responsables de la tournure des événements. Dans l'*Œdipe* de Pasolini, si les girations ramènent toujours à leur point de départ, comme sous la coupe des dieux, Œdipe joue avec le destin : lorsque, au début de l'épisode mythique, il lance le disque près du palais de Polybe, Œdipe pousse du pied le sien afin de l'emporter sur son rival et d'être couronné. Œdipe prend le pas sur le destin, le devance. « C'est Apollon qui est l'auteur de tous mes maux et de mes souffrances présentes », dit Œdipe chez Sophocle, mais précise-t-il plus loin : « Mais mes yeux, nul ne les a frappés, c'est moi-même. » Œdipe choisit moins qu'il ne ratifie. Telle sera sa certitude au dénouement du film : « Maintenant tout est clair…Voulu, non imposé par le destin. »

PARTIE V : PROBLEMATIQUE DU VOIR

Pasolini, dans *Œdipe roi*, fait de la vision la fondation de l'œuvre elle-même. Il inscrit ce film dans un voir, dans un « faire voir », qui commence par une rupture avec la représentation. Il instaure une pédagogie optique selon laquelle le spectateur est paradoxalement confronté à l'invisibilité. La vision pasolinienne fait acte de résistance à l'emprise du visuel, à l'image.

SAVOIR ET IGNORANCE/ CLARTE ET OBSCURITE

Pasolini établit un rapport très clair entre le savoir et l'ignorance et la problématique de la visibilité et de l'aveuglement. Il articule la problématique sophocléenne du savoir et de l'ignorance à celle de la clarté et de l'obscurité. Le manque de discernement d'Œdipe est manque de visibilité, manque de distance. Il ne comprend pas les événements, parce qu'il est impliqué dedans, il en est trop près. L'Œdipe de Pasolini n'est pas ignorant, il est aveugle. Il ne prend pas la distance nécessaire au discernement, manque de voir, de réfléchir, les événements factuels. « Je ne veux pas te voir…je ne veux pas t'entendre », hurle-t-il face au Sphinx et à Tirésias. L'implication aveugle Œdipe. Les événements arrivent et se passent ; Œdipe ne s'interroge pas. L'*Œdipe roi* de Pasolini n'est pas l'opposé primitif de l'Œdipe sophocléen, mais présente l'affrontement muet et interdit entre un homme et une énigme qui lui est étrangère.

Le tragique d'Œdipe réside dans sa lutte inutile contre le destin. Son aveuglement est la condition inéluctable de celui qui ne peut prendre conscience d'une réalité qui lui préexiste. Le film est ponctué de signaux évoquant la cécité : dans le prologue, le bébé est déjà aveuglé par la lumière. Dans la partie mythique, Œdipe ferme les yeux à chaque fois qu'il se trouve à un croisement. Pour choisir sa route, il s'aveugle. Après la séquence du meurtre du Père, il se cache les yeux comme ébloui. La scène n'est pas sans rappeler l'épisode biblique de Saül de Tarse, sur la route de Damas, qui fut aveuglé par la vision du Christ.

Plus tard, trop tard, Œdipe se crèvera les yeux pour tenter de réconcilier, mais surtout affirmer, le lien existant entre clarté et obscurité, savoir et ignorance, visible et invisible. L'ensanglantement des yeux d'Œdipe n'est pas le don à jamais courageux de la lucidité, de la présence d'esprit, il articule paradoxalement l'aveuglement et le savoir. L'obscurité qui lui est propre est la clarté même. Œdipe était comme fasciné. Son geste exorcise la fascination. L'éveil à la clairvoyance passe, pour le personnage pasolinien, par un nouvel aveuglement, physique et irréversible. Dans *Œdipe roi*, la dialectique de la cécité primitive, celle de la naissance, symbolisée par l'aveuglement du bébé dans le prologue, n'appelle son propre dépassement vers la clair-voyance qu'en s'enfonçant de nouveau vers le néant, vers la profondeur des ténèbres originelles.

Dans sa traduction d'*Œdipe roi*, Friedrich Hölderlin mettait déjà en valeur le lien existant entre le voir et le savoir. Les paroles de Créon, apportant la sentence du dieu Apollon pour guérir Thèbes de la peste, traduites dans l'*Œdipe roi* de Pasolini par : « Ce qu'on veut savoir existe. Ce qu'on ne veut pas savoir n'existe pas » sont interprétées par le poète allemand ainsi : « Ce qu'on cherche, on l'attrape. Ce qu'on ne voit pas, ça échappe. »[1] L'alliance de la vue et de la connaissance est prégnante dans le double aveuglement de Tirésias auquel Œdipe

---

[1] HÖLDERLIN Friedrich, *Oedipe le tyran*, Acte I, scène 2, v.109-110, op.cit.

confronte le prophète, le « voyant sage »[1]. Dans la scène dans laquelle Œdipe et Tirésias s'affrontent, il ne s'agit pas, comme chez Sophocle, de l'affrontement entre le devin qui sait par non savoir et l'homme qui libère mortellement l'énigme, entre celui qui porte la parole sacrée et celui qui la déchiffre et la réduit. L'opposition naît de deux aveuglements. Dans le défi posé par Œdipe à Tirésias : « Que ne chantais-tu pas quand elle était là, la chanteuse, la chienne, un chant de délivrance aux gens de cette ville ? Bien que l'énigme ne pût être résolue par tout un chacun et demandât l'art de la voyance, ni des oiseaux tu n'en avais reçu le don, ni de l'un ou l'autre des dieux. C'est donc moi, Œdipe le non instruit, qui suis venu ici, je l'ai fait taire, j'ai réussi par mon entendement, et pas instruit par les oiseaux »[2], c'est bien l'affrontement de deux formes de question. Pourquoi Tirésias, celui « qui réfléchis sur toute chose…Le dit et le non-dit, le céleste et ce qui vague sur terre »[3], n'a-t-il pu libérer Thèbes du Sphinx ? Il ne suffit pas de répondre qu'il ne parle qu'à la faveur du dieu, car en ce qui concerne le secret d'Œdipe, il n'a besoin, pour le découvrir et semer des indices, ni du souffle de la parole divine, ni de rites, mais seulement de la présence d'Œdipe, lisant en celle-ci la violence qu'il y découvre et qui le contraint à parler. Pourquoi le prophète n'a-t-il pu résoudre l'énigme du meurtre de Laïos. C'est Créon, l'allié présumé de Tirésias qui offre la première indication : « La sphinge aux nombreux chants, puisque, nous le savions, l'obscur nous forçait à chercher ce qu'il fallait résoudre. »[4] Tirésias l'aveugle, voit le mystère, mais ne le sonde pas. Il le fixe là où il est, dans son lieu, par crainte. S'il le retirait de sa distance et de son étrangeté, s'il l'identifiait et, par cette identification, le rendait commun et identique à la communauté, il ne serait, dès lors, non plus séparé de lui, mais se confondrait avec ce qui sépare, la pieuse impiété, la pieuse impiété de la séparation. Tirésias se tait, il ne dit pas ce qui ne doit pas être dit. Œdipe, en disant à Tirésias : « C'est la pire des nuits qui te

---

[1] *Ibid.*, v.394.
[2] *Ibid.*, v.395-404.
[3] *Ibid.*, v.304-306.
[4] *Ibid.*, v.129-130.

nourrit, jamais tu ne me vois, ni quiconque voit la lumière »[1] s'arroge la parole claire, affirme sa confiance dans le savoir. De là sa violence propre, celle de l'excès de savoir, ce trop de savoir, qui, parce qu'il a atteint d'un seul coup la forme plénière de l'universalité, lui fait oublier la réserve qu'il porte en lui et dont il s'exclut lui-même par oubli, cette part qu'il ne saurait reconnaître comme vraie, puisque son statut est aussi bien le non-vrai, la rupture désœuvrée, l'infidélité radicale sous le double retrait du divin et de l'humain.

Dans l'*Œdipe* de Pasolini, c'est cette dernière forme qui prend le pas, soit celle de la non présence même. Œdipe peut être identifié à Tirésias dans ce sens. Dans son film, le cinéaste met en scène l'affrontement de l'aveuglement et de la clairvoyance, du visible et de l'invisible. Œdipe, dans l'œuvre cinématographique, n'est pas celui qui déchiffre, il n'est pas celui qui sait. Dans *Œdipe roi* de Sophocle, Œdipe a guéri Thèbes en répondant à l'énigme du Sphinx, dans l'*Œdipe* de Pasolini, Œdipe délivre Thèbes en tuant le Sphinx. Maurice Blanchot, dans *L'Entretien infini*[2], explique que Œdipe, en répondant au Sphinx, a pénétré la sphère du savoir, et ce malgré l'ignorance de l'énigme de sa naissance[3]. Contrairement au Sphinx de la mythologie, le Sphinx de Pasolini ne propose pas d'énigme. Il attend seulement d'Œdipe qu'il ose affronter l'énigme qu'il porte en lui et qu'il la dise : « Il y a une énigme dans ta vie. Quelle est-elle ? Et Œdipe s'emporte : Je ne sais pas. Je ne veux pas le savoir. Je ne veux pas te voir…Je ne veux pas t'entendre ! »[4] Ce sont ces mêmes mots qu'il redira, exactement, et avec la même fureur, plus tard, à Tirésias[5].

---

[1] *Ibid.*, v.378-379.
[2] BLANCHOT Maurice, « La question la plus profonde », *L'Entretien infini*, op.cit., p.23.
[3] La résolution de l'énigme, dit Maurice Blanchot, met paradoxalement l'accent sur l'illusion dont ne se départit pas Œdipe. Œdipe parvient à la clarté abstraite, celle de l'esprit, en s'enfonçant d'autre part, concrètement, dans l'ignorance abominable de sa profondeur. C'est là tout le paradoxe d'*Œdipe roi* : la connaissance d'une part, la clairvoyance offerte et révélée par la résolution d'une énigme, et d'autre part, le manque de discernement à cause duquel les événements qui se passent sous ses yeux, lui arrivent.
[4] Scène 16 de l'épisode central.
[5] Scène 25 de l'épisode central.

L'INVISIBLE

Dans *Œdipe roi*, un dédoublement ouvre et décentre la vision. Pasolini contraint le spectateur à l'invisibilité imposée par l'absolue lisibilité de l'éclairage. Dans le film, la lumière, rendue sensible par l'extrême rigueur du descriptif et du dispositif (projecteurs, spots...), règne. Mais, loin de rendre visible, de garantir la connaissance directe et d'assurer la présence pleine, le cinéaste la retient dans l'indirect et la supprime comme présence. La lumière est tromperie. Elle affiche une absence rayonnante, infiniment plus obscure qu'aucune obscurité. Elle s'accomplit là où elle fait oublier qu'elle est à l'œuvre. Dans les plans de la ville de Thèbes, l'image se brûle au terrible éclat du désert qui absorbe les maisons rouge-ocre au moment où le soleil incandescent émerge au milieu du cadre, absorbe le paysage humain, entre deux pans d'ombre de chaque bord du cadre. Le soleil est suspendu au creux d'un berceau d'obscurité. Les « paysages dentelés, horizons fuyants, perspectives de villes (...) illuminées par les ardeurs concentrées des soleils couchants »[1] mettent en lumière le clair/obscur, le jeu des lumières et des ombres.
La couleur blanche domine dans *Œdipe roi*. A Delphes, Œdipe est seul vêtu de blanc, tous les autres sont en noir.
L'excès de lumière atteint son paroxysme après la séquence du meurtre de Laïos. Le reflet du soleil dans la caméra envahit l'image d'une éblouissante, écarlate blancheur. Le soleil qui éclate dans la caméra est un soleil noir à l'horizon du visible, le point aveugle de toute vision. Il s'offre dans son irreprésentabilité, indissociable de son retrait, absence comme présence, présence comme absence, visible comme invisible. Il rappelle ainsi un aphorisme de *La Divine mimèsis* : « Obscurité égale lumière. »[2] L'opposition de l'ombre et de la lumière[1]

---

[1] BAUDELAIRE Charles, *Paradis artificiels*, Paris, Gallimard, 1977, chap. IV.
[2] PASOLINI Pier Paolo, *La Divine mimèsis*, trad. de l'italien par Danièle Sallenave, Paris, Flammarion, 1980, p.9.

s'efface. Après la scène du meurtre, l'image éblouit, le visible se déchire et devient multiple, inconstituable, fuyant. Le mot « éblouissement » signifie d'abord « faible », puis « à la vue faible » : l'excès de lumière, celle qui aveugle, a à voir avec une myopie, un déficit de l'œil. Le spectateur est fasciné jusqu'à l'écœurement. La lumière qui fend l'image est ce qu'on ne voit pas, mais qu'on ne cesse pourtant de voir, notre propre regard en miroir, devenu œil blanc et aveugle.

Le jeu instauré par Pasolini entre le visible et l'invisible est également introduit par les tremblements de l'image. Il n'est que de citer le flou qui affecte l'image au moment où Œdipe quitte Delphes pour s'en apercevoir. Le spectateur voit mal. Il est déproprié de sa propre vision. Il hallucine. Le spectateur ne voit que ce qui est au loin. L'éloignement conditionne la vue. Un mouvement d'essence paradoxale fait que plus quelque chose s'éloigne, plus il est visible. La visibilité s'effectue dans l'éloignement de la proximité. Le désordre de la vision instaurée par le flou dans *Œdipe roi* n'est pas la marque de l'hallucination d'Œdipe, mais la fragmentation d'une vision dont il n'est plus le seul à avoir l'apanage et qui s'étale désormais de regard en regard. L'œuvre est un miroir dans lequel s'investit une vision, non pas une herméneutique mais les modalités d'un effet spéculaire.

L'INREGARDABLE

La séquence du meurtre du père dans *Œdipe roi* est proprement inregardable. Pasolini saisit quelque chose d'intolérable, d'insupportable. C'est l'expérience d'une lutte, un massacre de l'ancienne théogonie. Œdipe tue un à un les quatre soldats qui accompagnaient Laïos à Delphes. La route s'excentre, les distances s'épuisent. Un caillou est jeté à deux reprises, sur les genoux de l'un des soldats. Le visage d'Œdipe, entre transe et

---

[1] Cf. DERRIDA Jacques, « La mythologie blanche », *Marges de la philosophie*, Paris, Minuit, 1972, et PAUTRAT Bernard, *Versions du soleil*, Paris, Le Seuil, 1971.

effroi, hurle. Il court dans les deux sens à la fois, revient sur ses pas en une course effrénée, effrayante, fatiguant son poursuivant, tarissant son énergie vitale, se retourne vers lui comme s'il le pénétrait, le violait, lui assénant le coup de grâce en un orgasme, dans le paroxysme luxuriant d'une orgie dionysiaque. Puis Œdipe tue Laïos en frappant plusieurs coups d'épée dans sa poitrine.

Pasolini insiste cruellement sur la manière dont Œdipe se crève les yeux. La scène est longue, lancinante. L'œil castré d'Œdipe lacère le visible : « Dans l'obscurité désormais, je ne verrai pas ceux qu'il ne fallait pas voir (...). J'aurais dû me lacérer aussi mes oreilles...pour mieux enfermer en moi-même son corps malheureux...et ne plus voir et ne plus entendre rien ! »[1] Œdipe apparaît, l'œil crevé, rendu à sa solitude, exorbité, énucléé. Ses yeux ne sont plus que des trous, l'ouverture mortelle, le néant du regard. Autour de la dépouille d'Œdipe déjà en voie de décomposition, yeux meurtris, ensanglantés, il y a une curieuse assemblée de sages qui appelle à déceler un sort comparable entre Œdipe et Tirésias. Ce dernier apparaît dès l'arrivée d'Œdipe à Thèbes. Avant qu'il ne rencontre le Sphinx, le messager conduit Œdipe vers Tirésias. Tirésias ne prononce pas une parole, il « chante », il joue de la flûte. Œdipe non plus ne dit mot. « Tout ce qu'ils ont à se dire n'est qu'un long silence », dit le scénario[2]. Mais se lit sur un carton ce qu'il pense : « Toi tu es aveugle, seul, et tu chantes. Comme je voudrais être toi !...Tu chantes ce qui est au-delà du destin. »[3] Le dénouement est, selon Pasolini lui-même, « le moment de la sublimation »[4] : Œdipe est devenu Tirésias. Les dernières paroles du film, prononcées par Œdipe : « O lumière que je ne voyais plus, qui avant était en quelque sorte mienne, maintenant tu m'éclaires pour la dernière fois. Je suis de retour. La vie finit où elle commence », font d'Œdipe un nouveau prophète qui voit au-delà des apparences.

---

[1] Scène 39 de l'épisode central.
[2] Scénario d'*Œdipe roi*, *Avant-Scène cinéma*, op.cit., p.21.
[3] Scène 14 de l'épisode central.
[4] PASOLINI Pier Paolo, « Enigmes : Grandes énigmes...Petites énigmes », *Entretiens de Jean Duflot avec Pier Paolo Pasolini*, op.cit., p.107.

La séquence du meurtre du père et celle de la lacération d'Œdipe exhibent la violence de la représentation. Ces deux scènes contiennent un invisible propre. Elles ne montrent pas la violence, mais cette absence à l'image est peut-être plus obscène encore. Lorsqu'Œdipe frappe de plusieurs coups Laïos, Pasolini cadre le visage du meurtrier et non celui de la victime. Une machinerie du supplice est infligée au spectateur : l'intensité de l'acte, sa sauvagerie se lisent sur le visage d'Œdipe, dans sa fureur. Pasolini fait subir un traitement similaire à la séquence où le roi de Thèbes se crève les yeux. Toujours de dos, il pousse des hurlements insoutenables. Tel un animal aux abois, la profondeur de sa voix terrifie, obsède. Pasolini, sans rien montrer à l'écran, entraîne le spectateur aux limites du supportable. Il lutte ainsi contre le pouvoir de l'image, du visuel. Le cinéaste introduit au cœur de l'œuvre un sans-image, où ce qui est montré est absent de l'écran mais est plus signifiant que sa présence. Le cinématographique fait l'épreuve de l'(im)puissance filmique, l'expérience perpétuelle de sa ruine, du désœuvrement incessant.

PARTIE VI : UNE MIMESIS HISTORIQUE

« Et donc, que me reste-t-il sinon à exprimer le reflet du passé ? »
Pier Paolo PASOLINI[1]

Le socle principal d'*Œdipe roi* se situe dans la Grèce antique, dans un temps « physiquement loin », dans le Mythe. Cet éloignement est le moteur d'une recherche qui, au-delà d'un projet formel de représentation, se situe par rapport à un présent qui se renie. Pasolini est une figure de la modernité tournant autour d'un paradoxe : héros de la nouveauté, mais tourné vers le passé. Le mythe, l'histoire sont traités comme des moments indissociables du présent. *Œdipe roi* de Pasolini aborde constamment les questions du mythe, du sacré, dans les rapports qu'ils entretiennent avec l'Histoire. L'arrachement au présent, la poétisation du passé servent le propos exact du cinéaste.

LE SURGISSEMENT DE L'IMMEMORIAL

Dans *Œdipe roi*, l'épilogue repose sur l'identification du temps présent au passé. Tout se passe ici et maintenant comme ailleurs et dans un autre temps. L'épilogue, loin de s'absenter des lieux grecs/marocains de la seconde partie, les absente de l'image,

---

[1] PASOLINI Pier Paolo, « Eloge de la barbarie-Nostalgie du sacré », *Entretiens de Jean Duflot avec Pier Paolo Pasolini*, op.cit., p.88.

c'est-à-dire restitue leur présence en brûlant les bords du cadre, réalisant le paradoxe d'en être à la fois proche et loin. Plus qu'un mélange des temps, qu'une *mania* des temps, dans *Œdipe roi*, c'est le surgissement de l'immémorial qui frappe. La surimpression de l'image mythique et de l'image actuelle mise en scène par Pasolini symbolise une profonde mémoire immémoriale. Les couleurs foisonnantes de la partie mythique émergent sous forme de tâches fulgurantes dans la pâleur de l'épilogue, comme une fissure d'où s'évapore l'archaïque. Le corps réifié de Ninetto Davoli traverse le film d'une époque à l'autre, d'un rôle à l'autre. A travers cette *mania*, Pasolini départit le mythe de sa vision ancestrale, non pour l'absoudre dans une figure totalisante, dans une vérité immuable et intransigeante, mais dans une figure globale, active et incessante, toujours à l'œuvre dans ce qui semble la nier, pour en manifester sa véritable et actuelle historicité[1].

LE TIERS-MONDE ET LE MYTHE

Le cadre d'*Œdipe roi* est celui des populations sahariennes, soudanaises, qui se construisent non plus à partir de la terre et du bois, mais de la boue. Au Maroc ennobli, sacralisé, Pasolini associe les eaux croupies, les cités croulantes du désert, des insulae trouées de niches. Pasolini répond à ce programme : « L'Afrique[2] est un peu au même point de son histoire

---

[1] Selon Gilles Deleuze, les déserts de Pasolini « font de la préhistoire l'élément poétique abstrait, l'essence co-présente à notre histoire, le socle archéen qui révèle sous la nôtre une interminable histoire ». L'image visuelle devient « archéologique, stratigraphique, tectonique ». « Non que l'image renvoie à la préhistoire (il y a une archéologie du présent), mais aux couches désertes d'un temps qui enfouit des fantômes du présent, aux couches lacunaires qui se juxtaposent suivant des orientations et des connexions variables ». Cf. DELEUZE Gilles, « Les composantes de l'image », *L'Image-Temps*, op.cit., p.317.
[2] José Guidi a parlé du « rêve africain » de Pasolini qui s'ouvre avec le début des années 1960, attesté par les voyages, le projet du *Père sauvage*, de *L'Orestie africaine*. Cf. GUIDI José, Postface du *Père sauvage*, Ed. Les formes du secret, 1980.

qu'Argos au temps d'Oreste. C'est le passage d'une civilisation archaïque à la démocratie. »¹ Le Maroc n'arrache pas le mythe d'Œdipe au monde grec primitif. Il l'enfonce dans la Grèce des origines, la Grèce chtonienne. La Grèce est, au-delà du classicisme qui lui est associé, liée à l'organisation esthético-religieuse d'une barbarie fondamentale. Ginette Gervais cite fort justement André Bonnard : « Le peuple grec, y compris ce cœur vif et brûlant de la Grèce, cette Hellade des Hellades qu'est Athènes, n'a cessé de cultiver des superstitions et des mœurs si étranges, si " polynésiennes", tantôt simplement grotesques, tantôt d'une atroce cruauté, qu'on se croit à 1000 lieues de toute civilisation. »² Freud lui-même rattache le complexe d'Œdipe au meurtre du père par ses fils dans la horde primitive. Pasolini s'attache à peindre la barbarie fondamentale. Le mythe, c'est le retour à l'état originel. Dans la Grèce antique et préhistorique, s'enracinent bon nombre de ses positions idéologiques : la violation du tabou sexuel (le parricide et l'inceste d'Œdipe) ; le conflit entre les forces du passé et le monde moderne. Dans *Œdipe roi*, la terrible lutte entre pouvoir et connaissance décrite par Sophocle, située au cœur du Tiers-Monde, dans ses zones désertiques et encore barbares, transcrit d'une part l'ambivalence du monde grec, d'autre part, la nécessité de dé-particulariser la réalité maghrébine, de la rendre intemporelle.

Le Tiers-Monde, d'abord perçu comme maghrébin, fusionne avec le monde en marge des faubourgs de Rome. *Œdipe roi* expose une confusion culturelle. L'acteur Ninetto Davoli fait le lien entre l'Italie méridionale et le monde africain : il est issu des *borgate* romains et les traits de son visage ainsi que la couleur brune de sa peau rappellent ceux des nord-africains. Le prolétariat romain entre dans le Tiers-Monde. Celui-ci concède au prolétariat de Rome l'innocence, la liberté a-historique, le

---

[1] PASOLINI, « Notes pour une *Orestiade* noire », cité dans la bio-filmographie de Pasolini, *L'Avant-scène cinéma* n°97, nov.1969.
[2] BONNARD André, *Civilisation grecque*, cité par GERVAIS Ginette, « Venise », *Jeune cinéma*, n°25, oct.1967.

sens existentiel du sacré[1]. Pourquoi ? Parce que, le souligne Pasolini, « la préhistoire, pratiquement, a été la même partout »[2].

L'IDENTIFICATION AUTOBIOGRAPHIQUE AU MYTHE

Dans *Œdipe roi,* on peut parler d'une identification autobiographique de Pasolini à l'idée poétique et visionnaire du passé dont les personnages proviennent. La profonde mémoire consciente et inconsciente de Pasolini s'inscrit dans le Mythe, produisant ainsi l'identification du cinéaste aux figures de l'Histoire. Pasolini devient le parodiste de l'histoire.

LE SACRE : VISION DIALECTIQUE DE L'HISTOIRE

Angelo, c'est l'Ange de l'Histoire. A travers ce personnage, le sacré est devenu vision dialectique de l'Histoire. Une séquence décrit parfaitement la sentence pasolinienne : le plan de la crucifixion renversée, dans lequel Jocaste pastiche la position des pieds du Christ sur la croix. La crucifixion renversée est le moment où la catastrophe hésite à se renverser en salut. Elle interrompt momentanément l'histoire d'Œdipe, la met en crise. L'histoire d'Œdipe devient à cet instant l'impossibilité de l'histoire, où dans la chute commencent déjà la remontée et le retour de l'histoire, la résolution de la fable, le dénouement qui est le commencement du mystère. Le mystère de l'histoire d'Œdipe se dénoue, la crucifixion relie son histoire. C'est un passage terrible à travers la négation. La crucifixion

---

[1] Sous cet aspect, les œuvres italiennes (*Accattone* et *Mamma Roma*) préfigurent celles de l'Antiquité grecque : *Œdipe roi*, *Médée* et *Carnet de notes pour une orestie africaine*.
[2] PASOLINI Pier Paolo, « Venise 67 », « Entretien avec Pier Paolo Pasolini par Jean-André Fieschi », *Cahiers du cinéma*, n°195, nov.1967.

renversée porte à son acmé une insurmontable ambiguïté – théologique ici, sur laquelle se fonde le film dans son entier. A la fin du film, dans la séquence du pré, le retour au symbolisme de la mère est contré par le retour de la musique militaire du générique. Pasolini respecte ainsi, à travers *Œdipe roi*, un diktat qu'il s'est lui-même imposé : « Je me refuse, en définitive, consciemment ou inconsciemment, à toute forme de pacification. »[1] *Œdipe roi* est nécessairement anti-dialectique[2], il s'inscrit dans la pensée pasolinienne qui considère que « la nature ne connaît pas les dépassements, tout s'y juxtapose et coexiste »[3]. Ni fusion, ni dispersion, ce film est plutôt la tentative de présenter une *logique* à l'œuvre, en œuvre : « La thèse / Et l'antithèse coexistent avec la synthèse : voilà / la véritable trinité de l'homme ni prélogique ni logique / Mais réel. »[4] Pasolini remplace la dialectique par une dialectisation.
Même s'il refuse la dialectique, si, en lui, prévaut « une vision hiératique et immobile de la réalité »[5], Pasolini cherche à rejoindre le continu à travers les structures propres du mythe, en assumant ses forces d'organisation. Barthélemy Amengual, dans « *Œdipe roi* : quand le mythe console de l'Histoire », explique que les mythes furent une sorte de rêve collectif mais éveillé de l'humanité à son aurore, par où se défoulait l'inconscient général et se structurait une culture commune[6]. Selon Barthélemy Amengual, un matérialisme non orthodoxe se lit dans *Œdipe roi* : l'état social est responsable de la fatalité intérieure, de la malédiction oedipienne. « Le mythe console de l'Histoire ». Désormais, seul le mythe sera réaliste pour

---

[1] PASOLINI Pier Paolo, in GARDAIR Jean-Michel, « Pasolini à la recherche de nouveaux lecteurs », *Critique*, nov.1971, p.1026.
[2] La dialectique est, d'après Hegel, une marche de la pensée reconnaissant l'inséparabilité des contradictoires (thèse et antithèse), que l'on peut unir dans une catégorie supérieure (synthèse).
[3] PASOLINI Pier Paolo, « La contestation », *Entretiens de Jean Duflot avec Pier Paolo Pasolini*, op.cit., p.64.
[4] PASOLINI Pier Paolo, « Callas », *Entretiens de Jean Duflot avec Pier Paolo Pasolini*, op.cit., p.158.
[5] PASOLINI Pier Paolo, « Le centaure », *Entretiens de Jean Duflot avec Pier Paolo Pasolini*, op.cit., p.80.
[6] AMENGUAL Barthélemy, « *Œdipe roi* : quand le mythe console de l'Histoire », in *Pasolini : le mythe et le sacré*, op.cit., p.74.

Pasolini, car lui seul comprend, englobe la totalité non hiérarchisée du réel.

APPEL A LA CLAIRVOYANCE

Œdipe roi est entièrement fondé sur la « naissance de la conscience historique »[1], dont parle Jean Duflot dans les entretiens que lui accorde Pasolini, et que celui-ci définit par « le retour à la réalité »[2]. Le dessein de ce « retour à la réalité » est explicité dans « Le rêve d'une chose », titre d'un roman de jeunesse de Pasolini extrait d'une lettre de Karl Marx où il est question de « tirer (le monde) du sommeil où il rêve de lui même »[3].

Du texte sophocléen, Pasolini reprend la contradiction entre l'innocence coupable de celui qui vit en se méprenant sur le destin et la nécessité de connaître la vérité. Dans le film, cette contradiction est entièrement circonscrite dans le personnage d'Œdipe : de l'innocence fêlée à la naissance par le regard de son père, à l'erreur qui consiste à ne pas vouloir prendre conscience de la réalité et au péché originel préexistant. Pasolini explique : « Chez Sophocle, c'est cela qui m'a le plus inspiré : le contraste entre l'innocence totale et le désir de savoir. Ce n'est pas tant la cruauté de la vie qui produit des crimes que le fait que les crimes soient commis parce que les gens n'essaient pas de comprendre l'histoire, la vie et la réalité. »[4] Œdipe n'est pas l'homme du savoir. Il revêt dans le film les traits et la personnalité d'Accattone. Primitif, sous-prolétaire, « innocent », c'est un « homme destiné à l'action, à faire des choses, à les connaître, non pas à les

---

[1] DUFLOT Jean, « Enigmes : Grandes énigmes…Petites énigmes », *Entretiens de Jean Duflot avec Pier Paolo Pasolini*, op.cit., p.108.
[2] PASOLINI Pier Paolo, « Enigmes : Grandes énigmes…Petites énigmes », *Entretiens de Jean Duflot avec Pier Paolo Pasolini*, op.cit., p.107.
[3] Cf. *Correspondance Marx-Engels*, t.1, Ed. Sociales, 1971, lettre n°77, p.297-300.
[4] Propos de Pier Paolo PASOLINI à Oswald Stack, cité in GERVAIS Marc, *Pier Paolo Pasolini*, op.cit., p.77.

comprendre »[1]. Tirésias est une anticipation d'Œdipe, un Œdipe qui sait déjà, et qui sait l'inutilité de savoir : « Le savoir est terrible quand il ne sert pas à celui qui le possède ! »[2] Le prêtre, au moment où il conjure Œdipe de délivrer Thèbes, expose le non savoir d'Œdipe : « Trouve un remède, peu importe lequel, redonne-nous la vie une nouvelle fois...A peine arrivé dans cette ville, tu nous as libérés du cauchemar du Sphinx. Tu n'en savais pas plus que nous... »[3] Œdipe est, dans la partie mythique d'*Œdipe roi*, l'homme qui ne sait pas, l'homme qui rêve. En s'énucléant les yeux, en se rendant aveugle, il devient clairvoyant, lucide. La conscience nouvelle d'Œdipe est mise en scène dans l'épilogue. De magnifiques plans renvoient Œdipe, poète marxiste dans la périphérie industrielle, de l'aveugle à l'usine et de l'usine à l'aveugle. Angelo et Œdipe parcourent les rues d'une banlieue ouvrière, passent devant une usine, puis devant une église (indication didactique de l'itinéraire effectué par un poète laïc tel que Pasolini), pour déboucher finalement sur le pré bordé de peupliers et de canaux, filmé au début du film, où la mère allaitait son enfant. Dans le pré, l'aveugle devient voyant, lucide. Le panoramique suggère qu'Œdipe voit les couleurs du pré, il agit comme symbole du regard possible et métaphorique du personnage.

---

[1] PASOLINI Pier Paolo, « Venise 67 », *Cahiers du cinéma*, n°195.
[2] Scène 25 de l'épisode central.
[3] Scène 21 de l'épisode central.

CONCLUSION

« Et moi, fœtus adulte, je rôde/plus moderne que les
Modernes / en quête de frères qui ne sont plus »

Pier Paolo PASOLINI

Le pastiche, la parodie, la ressemblance apparaissent dans *Œdipe roi* comme autant de puissances de la répétition.
Provoquée par la prolifération d'images en miroir, figures théoriques du redoublement déléguées par Pasolini à la structure du récit qui *re-joue* la tragédie antique ou aux effets de symétrie de l'espace iconographique et de l'espace narratif, la répétition met en œuvre des formes inédites et concrètes de la *mimèsis*, et par cette voie du cinéma de poésie dont elle est la forme la plus explicite.
La répétition, la redite ne sont pas dans *Œdipe roi* harmonieuses mais discordantes. Elles ne reposent pas sur une symbiose esthétique mais frayent la voie d'un paradoxe qui met précisément en crise la notion d'identification.
Au cœur du ré-investissement des corps situé par le cinéaste, entre réalisme et mythologie, la répétition est porteuse d'une impureté dont le dédoublement, la contamination, la malédiction tragique ouvrent la voie du mystère Pasolini.
Dans ce territoire investi par l'hallucination, un secret se dérobe aux textes comme à la conscience, vers lequel convergent les forces qui animent le film et le « sujet » de l'écriture : l'expérience cruelle des limites, qui reposant radicalement les questions de la représentation, du tragique et du sacré, du signe

et de l'écriture, figure le moment d'une crise où le cinématographique découvre sa propre faille et sa propre ressource.

C'est ainsi dans l'altérité, dans la plus grande impropriété du discours que, dans *Œdipe roi*, le plus « propre » et le plus « spécifique » affleure. Ce film se tient au plus près de la puissance donatrice et expropriatrice du sens et du propre.

Pasolini renverse chaque figure en son contraire. Aucun corps n'apparaît mieux que lorsqu'il s'expose dans son autre.

Le rapport explicitement noué entre le cinéaste et Œdipe, à travers lequel Pasolini retrace paradoxalement ses origines, est sans doute ce qui constitue au mieux l'étrangeté appropriatrice d'*Œdipe roi*. En s'identifiant à Œdipe, Pasolini apparaît. La médiation d'un corps étranger ouvre la re-propriation d'un espace d'écriture où s'offre le « je ». Incarnant la mémoire d'une fiction, y imposant son discours-vision, c'est-à-dire son apparence propre comme omniprésent fantôme à l'écran, omniprésence renforcée par la place accordée à l'appareillage cinématographique, Pasolini tisse autour du caractère central de la notion de sujet une schizophrénie qui devient spécifiquement cinématographique dès lors qu'elle se pose sur le corps du cinéma, sur sa puissance d'apparition. Pasolini assigne au dispositif de mise en scène, devenu visible, la vocation de rendre présente l'instance d'énonciation, c'est-à-dire lui-même comme sujet de l'écriture. L'énonciation est ici proprement impure : le mythe d'Œdipe ne se regarde pas à distance comme une narration légendaire, mais à partir de la torsion que lui fait subir Pasolini pour le ramener vers lui, à lui.

A travers ces jeux pluriels, Pasolini expose les lois physiques d'un simulacre, d'une fantasmagorie où l'image *rêve* sa propre ressemblance. Cette ressemblance est moins celle que le cinéma peut entretenir avec le réel – le recours au mythe annulant peut être d'emblée cette expansion, que celle que le cinéma entretient avec lui-même, celle d'une multiplicité, d'un syncrétisme, d'un foisonnement des corps entre eux. Pasolini *confond* les corps. Il substitue le multiple à l'unique. Les corps s'identifient à plusieurs personnages, traversent les époques et les lieux. Un corps unique devient tous et l'importe qui, il ressemble à tout et n'importe quoi. Il est régi par une impropriété fondamentale, celle du « cinéma de poésie ». En quelque sorte deux, en quelque sorte double, il est lui-même autre, toujours déjà (dis)semblable, mimétique.

Dans le fantasme d'une impureté, dans l'excentricité, le corps retrouve paradoxalement sa singularité. Dans son dédoublement qui accentue la confusion du mirage et de la réalité, apparaît, plus encore, son unicité. Chaque corps coïncide avec une vision où s'écrivent simultanément le sensible et son discours vivant, il se fait présentation et impose la reconnaissance d'une signifiance immédiate dans le sensible.

La primauté donnée à l'impureté s'exprime ailleurs dans le rapport introduit par Pasolini entre le sexe et le sacré, entre l'inceste et le versant religieux de la répétition. A travers la manifestation de la violence « métaphysique » suscitée par la transgression de l'interdit, l'inceste, qui s'introduit au cœur du film comme l'expression de la répétition, union du même avec le même, porte sa propre mise en crise. L'inceste entraîne la peste, contamination étrangement impropre. Ce mal unique disséminé par la contagion en plusieurs corps, montré à l'image par des organes disloqués, traduit le corps béant du film.

La désagrégation qu'il engendre offre une théorie du signe cinématographique et du discours filmique.

Le signe dans *Œdipe roi* régit autant la forme du film, le rapport de représentation réciproque du visuel et du sensible et de la réalité physique auxquels ils renvoient que sa capacité à l'abstraction – Œdipe apparaît moins comme un simple personnage que comme une idée. Ce signe n'est pas concordant, il est double et brisé. Ainsi l'âpreté du visage de Franco Citti souligne l'excès de l'image vers un ailleurs, temporel ou utopique. Dans son intensité pure, se décèle la beauté d'une œuvre dont le rapport au réel est scindé en signe.

Exhibant l'appareillage cinématographique dans le corps béant d'un film fragmenté par des césures qui désagrègent sa continuité, distordant ainsi le lien qui unit le signifié à son signifiant, Pasolini trace pourtant une ligne qui unit les signifiants et leurs emblèmes dispersés. Ces trouées de la réalité qui demeurent infiniment ouvertes n'empêchent pas de suivre la trace des effets de réel. Bien plus, elles les constituent.

Pasolini se confronte à son contraire. S'ouvre une dynamique rigoureuse, fondée sur la violence de la représentation : l'in-regardable, l'irreprésentable, jalonnent l'œuvre. Dans ce « lieu » impur travaillé à la fois par le corps et le concept, cette violence fait acte de résistance à l'emprise du visuel : elle devient elle-même *signifiante*.

FICHE TECHNIQUE

Œdipe roi de Pier Paolo Pasolini [titre original : *Edipo re*], Italie, 1967

Scénario : Pier Paolo Pasolini, *inspiré par* : *Œdipe roi* de Sophocle. *Images* : Giuseppe Ruzzolini (Eastmancolor). *Opérateur* : Otello Spila. *Assistant opérateur* : Sergio Rubini. *Décors* : Luigi Scaccianoce. *Décorateur* : Andrea Fantacci, *assistée de* Dante Ferretti. *Costumes* : Danilo Donati, *assisté de* Piero Cicoletti. *Réalisation des costumes* : Sartoria Farani. *Maquillage* : Giulio Natalucci et Goffredo Rocchetti. *Coiffures* : Ernesta Cesetti et Maria Teresa Corridoni. *Son* : Carlo Tarchi. *Musique coordonnée par* Pier Paolo Pasolini (Editions Rete et enregistrements originaux : *Quatuor en ut majeur K.465* de Wolfgang Amadeus Mozart ; chants populaires roumains ; musique ancienne japonaise). *Montage* : Nino Baragli. *Scripte* : Lina D'Amico. *Assistant réalisateur* : Jean-Claude Biette. *Photographe de plateau* : Bruno Bruni. *Interprètes* : Franco Citti (*Œdipe*), Silvana Mangano (*Jocaste*), Alida Valli (*Merope*), Carmelo Bene (*Créon*), Julian Beck (*Tiresias*), Luciano Bartoli (*Laïos*), Francesco Leonetti (*Serviteur de Laïos*), Ahmed Bellashmi (*Polybe*), Giandomenico Davoli (*Berger de Polybe*), Ninetto Davoli (*Anghelos-Angelo*), Pier Paolo Pasolini (*le grand prêtre*), Jean-Claude Biette (*un prêtre*). *Production* : Italie, 1967, Arco Film s.r.l. (Rome), *avec la participation de* Somafis (Casablanca). *Producteur* : Alfredo Bini. *Directeur de production* : Eliseo Boschi. *Inspecteur de production* : Mario Coccioletti. *Secrétaire de production* : Walter Fabrizio. *Studios* : Dino De Laurentiis Cinematografica S.p.A. *Extérieurs* : Italie du Nord et Maroc. *Distribution* : Italie, 1967, Euro-International Films ; Grande-Bretagne, 1969, Eagle Films ; France, 1968, Rank *puis* Cocinor. *Durée* : 104 minutes.

DECOUPAGE D'*ŒDIPE ROI*

Nous avons effectué un découpage du film de Pier Paolo Pasolini que nous livrons ici afin de faciliter la compréhension de notre étude. Si ce découpage peut, parfois, sembler arbitraire (les séquences sont souvent une suite de plans plus que des séquences définies, particulièrement dans le prologue et l'épilogue), il n'en reste pas moins indicatif et pertinent pour éclairer l'œuvre. Signalons qu'un découpage du film existe dans *Œdipe roi, L'Avant-Scène cinéma*, n°97, nov.1969, avec des extraits du scénario original.

Générique : présentation des acteurs (comédiens et techniciens du film), sur fond blanc avec son des grillons puis musique militaire.
Prologue (Italie, années 20) :
Scène 1 : naissance d'Œdipe.
Scène 2 : scène du pré.
Scène 3 : Silvana Mangano, la mère de l'enfant, le promène et rencontre le père de celui-ci. Un carton indique les pensées de ce dernier : « Tu es ici pour prendre ma place ».
Scène 4 : Silvana Mangano et son époux se préparent. Le bébé dort. Scène du bal.
Scène 5 : Retour du bal. Les parents font l'amour. Le père rejoint son fils et lui serre les pieds.
Partie mythique (Corinthe, Delphes, le désert situé entre Corinthe et Thèbes, puis Thèbes) :
Scène 1 : Le serviteur de Laïos, roi de Thèbes, dépose Œdipe enfant sur le Mont Cithéron. Le serviteur de Polybe, roi de Corinthe, le recueille.
Scène 2 : Le serviteur de Polybe lui amène l'enfant.
Scène 3 : Polybe présente Œdipe à son épouse, Merope.
Fondu au noir.
Scène 4 : Vingt ans plus tard, Œdipe joue et triche. Il se fait insulter « Fils du hasard », « Faux fils de ton père et de ta mère ».
Scène 5 : Œdipe informe ses parents qu'il veut aller à Delphes consulter l'oracle à propos d'un rêve qu'il a fait.
Scène 6 : Départ d'Œdipe pour Delphes.

Scène 7 : Œdipe à Delphes. L'oracle lui prédit qu'il assassinera son père et aura des relations incestueuses avec sa mère.
Scène 8 : Œdipe quitte Delphes. Il fuit dans la direction opposée de sa patrie, Corinthe.
Scène 9 : Œdipe est dans le désert. Il prend la direction de Thèbes. Il se laisse guider par le destin au croisement de deux chemins.
Scène 10 : Œdipe partage la fête rituelle d'un groupe « ethnique ».
Scène 11 : Œdipe, toujours dans la direction de Thèbes, rencontre une « prostituée » dans un labyrinthe.
Scène 12 : Œdipe, toujours dans la même direction, vers son destin, rencontre Laïos au croisement de trois routes. Il tue les soldats qui accompagnent le roi, puis Laïos lui-même. Un des serviteurs parvient à s'enfuir.
Scène 13 : Œdipe arrive à Thèbes. Il croise des habitants qui fuient la ville. Il rencontre le messager, celui qui apporte les nouvelles.
Scène 14 : Le messager conduit Œdipe vers Tirésias, le prophète, qui joue de la flûte.
Scène 15 : Le messager parle du Sphinx à Œdipe, qui est selon lui, responsable des malheurs de Thèbes. Il annonce à Œdipe que celui qui parviendra à tuer le Sphinx épousera la reine de Thèbes.
Scène 16 : Œdipe rencontre le Sphinx et le tue.
Scène 17 : Le messager répand la nouvelle de la mort du Sphinx.
Scène 18 : Les Thébains se réjouissent. Œdipe est accueilli en sauveur. Il rencontre la reine.
Scène 19 : Nuit de noces d'Œdipe et Jocaste.
Scène 20 : Thèbes est envahi par la peste.
Scène 21 : Œdipe devant le palais reçoit la visite du grand prêtre qui vient lui demander son aide et le prie de guérir la ville de la maladie.
Scène 22 : Créon revient du sanctuaire d'Apollon et annonce qu'il faut libérer la ville d'un « pestiféré incurable », l'auteur du meurtre de Laïos. Œdipe apprend les circonstances de la mort du roi défunt.
Scène 23 : Scène d'intimité entre Œdipe et Jocaste.

Scène 24 : Rituel du sacrifice : des corps, recouverts de beau linge, sont brûlés en offrande au dieu.

Scène 25 : Tirésias fait son entrée dans la cour du palais de Thèbes, amené par le messager. Le prophète affirme au jeune roi que celui-ci est l'assassin qu'il recherche. Œdipe réfute ces propos dans lesquels il voit un complot de Créon, son beau-frère. Tirésias lui prédit alors que bientôt il comprendra la vérité de sa naissance, et qu'il ne verra bientôt plus qu'obscurité.

Scène 26 : La reine Jocaste, dans le palais, sort de la chambre conjugale, rejoint sa cour dans le jardin.

Scène 27 : Œdipe rejoint Jocaste, l'entraîne dans le labyrinthique palais vers la chambre nuptiale.

Scène 28 : Créon est effrayé à l'idée qu'Œdipe puisse rejeter la faute sur lui. Cette scène est entrecoupée de plans sur Œdipe et Jocaste faisant l'amour.

Scène 29 : même unité spatio-temporelle que la scène précédente. Œdipe et Jocaste sont enlacés.

Scène 30 : Confrontation d'Œdipe et de Créon au cours de laquelle, après que le roi ait accusé Créon, celui-ci développe un long monologue tendant à démontrer qu'il n'est coupable d'aucun complot.

Scène 31 : Jocaste révèle à Œdipe la prophétie qui leur a été faite, à elle et à son époux Laïos, selon laquelle leur enfant assassinerait leur père et coucherait avec leur mère.

Scène 32 : Œdipe commence à s'interroger : il entrecroise les histoires. Il pose des questions à Jocaste sur Laïos, sur les conditions de sa mort, sur son apparence physique, et commence, après avoir appris que Laïos fut tué à un carrefour, à comprendre.

Scène 33 : Plus tard, dans la même journée, et au même endroit. Le jour a baissé. Jocaste demande à Œdipe : « Pourquoi l'idée d'être l'amant de ta mère t'effraie-t-elle ? ». Œdipe craint que Tirésias n'ait vu clair. Il demande de nouvelles explications sur l'assassinat de Laïos.

Scène 34 : Dans la chambre conjugale, Œdipe hurle les doutes qui l'assaillent. Il raconte son histoire, révèle les prophéties de l'oracle de Delphes, évoque le meurtre dont il s'est rendu coupable. Jocaste sert Œdipe dans ses bras.

Scène 35 : Jocaste, devant les hauts fonctionnaires de Thèbes, annonce son départ imminent. Elle veut aller prier. Elle relate l'état d'angoisse dont est victime Œdipe. Au cours de cette scène, le serviteur de Polybe arrive à Thèbes afin de prévenir les régents de la mort du roi de Corinthe.

Scène 36 : Œdipe et le serviteur de Polybe partent à la rencontre, en ses terres, du serviteur de Laïos, témoin du meurtre de Laïos, devenu berger. Ce dernier révèle avoir amené le petit Œdipe sur le Mont Cithéron, et l'avoir sauvé de la mort, pourtant voulue par ses parents. Il révèle que Jocaste est la mère d'Œdipe, et évoque la prophétie dont était victime l'enfant.

Scène 37 : Jocaste joue avec sa cour, puis elle est prise d'effroi.

Scène 38 : Œdipe revient au palais. Il prononce ces quelques mots : « Tout est clair à présent. Voulu et non pas imposé par le destin ».

Scène 39 : Il découvre Jocaste pendue dans la chambre conjugale. Il hurle. Il déshabille Jocaste et se crève les yeux en poussant des hurlements.

Scène 40 : Œdipe, les yeux meurtris, se présente devant les Thébains. Le messager lui tend une flûte.

Epilogue (Italie, 1967) :

Scène 1 : Angelo le messager et Œdipe marchent.

Scène 2 : Angelo et Œdipe sont devant une église. Œdipe est assis sur les marches. Angelo donne à manger aux oiseaux.

Scène 3 : Œdipe et Angelo passent devant une usine. Angelo joue au ballon.

Scène 4 : Les deux protagonistes repassent devant la maison du prologue.

Scène 5 : Angelo et Œdipe longent un mur qui les mène à un endroit désaffecté.

Scène 6 : Ils arrivent dans le pré du prologue dans lequel des jeunes femmes s'amusaient, mais il est, cette fois, vide. Dernières paroles du film : « La vie finit où elle commence. »

BIBLIOGRAPHIE ESSENTIELLE

Outils bibliographiques

- Une bibliographie exhaustive se trouve dans le Numéro spécial Pasolini de la *Revue d'esthétique*, Jean-Michel Place, 1992 (réédition du numéro 3 de 1982).
- Une bibliographie claire des ouvrages généraux, en italien, se trouve dans la bibliographie produite par Hervé Joubert-Laurencin, dans *Pasolini, portrait du poète en cinéaste*, Paris, Cahiers du cinéma/Gallimard, 1995.
- Une hagiographie très documentée se trouve dans GERARD Fabien S., *Pasolini ou le mythe de la barbarie*, Editions de l'Université de Bruxelles, Bruxelles, 1981.

Scénarios de Pasolini et textes sur le cinéma

- PASOLINI Pier Paolo, *Saint Paul*, Paris, Flammarion, 1980, traduction de Giovanni Jopolo ; scénario.
- PASOLINI Pier Paolo, *Le Père sauvage* Paris, Editions Les Formes du secret, 1980, traduction et postface de José Guidi ; scénario.
- PASOLINI Pier Paolo, *Théorème*, Paris, Gallimard, 1978, réédition Folio, 1988, traduction de José Guidi, récit-scénario
- PASOLINI Pier Paolo, *Œdipe roi*, l'*Avant-scène cinéma*, n°97, novembre 1969 : découpage du film, avec des extraits du scénario original, suivi d'un « dossier Théorème », réalisés par Jean-Claude Biette.
En italien, les scénarios ont fait l'objet de publications diverses, en volume ou en revue, à l'époque de la sortie des films et après, parfois avec des variantes.
- PASOLINI Pier Paolo, *L'Expérience hérétique – langue et cinéma*, Paris, Payot, 1976, traduction partielle de *Empirismo eretico*, Garzanti, Milan, 1972, par Anna Rocchi-Pulberg,

réédition de la partie consacrée au cinéma, ed.Ramsay-poche cinéma, 1989.
- PASOLINI Pier Paolo, *Ecrits sur le cinéma*, précédé de *Genèse d'un penseur hérétique*, écrit par Hervé Joubert-Laurencin, Presses Universitaires de Lyon/Institut Lumière, Lyon, 1987, anthologie de textes critiques sur le cinéma de 1959 à 1974, précédée d'un essai sur l'activité critique et théorique de Pasolini.

Entretiens avec Pasolini sur le regard qu'il porte sur le cinéma et sur ses films

- *Les Dernières paroles d'un impie*, entretiens avec Jean Duflot, Paris, Belfond, 1981, réédition augmentée de *Entretiens avec Pier Paolo Pasolini*, Paris, Belfond, 1970, augmentée d'un entretien d'août 1975.
- « Entretien avec Pasolini », par Gian Piero Brunetta, *Cahiers du cinéma*, n°212, mai 1969.
- Entretien avec Claude-Michel Cluny, *La Galerie*, décembre 1971.
- « Le cinéma selon Pasolini », « Entretien de Pier Paolo Pasolini avec Bernardo Bertolucci et Jean-Louis Comolli, *Cahiers du cinéma*, n°169, août 1965.
- « Rencontre avec Pier Paolo Pasolini par Jean Narboni », *Cahiers du cinéma*, n°192, juillet-août 1967.
- « Venise 67 », « Entretien avec Pier Paolo Pasolini par Jean-André Fieschi », *Cahiers du cinéma*, n°195, novembre 1967.
- « Entretien avec Pasolini par Andrée Tournès et Sylvain Rouquette», *Jeune cinéma*, n°45, mars 1970.
Il existe de nombreux autres entretiens référencés par René Prédal in *Pasolini II : un « cinéma de poésie »*, Lettres modernes Minard, 1977, consacrés précisément à d'autres films de Pasolini.

Ouvrages sur Pier Paolo Pasolini

- BETTI Laura, CORAPI Giorgio, PECORA Elio, *Pier Paolo Pasolini, avec les armes de la poésie*, Garzanti, 1984.
- BOYER Alain-Michel, *Pasolini, qui êtes-vous ?*, Lyon, La Manufacture, 1987.
- BOYER Martine et Muriel TINEL, *Pier Paolo Pasolini*, Dark Star, 2002. Cet ouvrage contient des documents, des analyses de séquences des films de Pasolini, et des story-boards.
- *Désir de culture et culture du désir dans l'œuvre de Pasolini*, Ed.Stefano Casi, Ed.GKC, 1992, coll. « Cahiers GKC, 14 (analyse de l'œuvre théâtrale des années 60, critique sur l'œuvre de Pasolini, et témoignage de Nico Naldini).
- DUFLOT Jean, *Pasolini*, Paris, Editions Albatros, 1977, coll. « Ca cinéma ».
- GARDAIR Jean-Michel, « Pasolini à la recherche de nouveaux lecteurs », *Critique*, nov.1971.
- GERVAIS Marc, *Pier Paolo Pasolini*, Paris, Seghers, 1973, coll. « Cinéma d'aujourd'hui » n°73.
- JOUBERT-LAURENCIN Hervé,
« Genèse d'un penseur hérétique » in PASOLINI Pier Paolo, *Ecrits sur le cinéma*, Lyon, Presses Universitaires de Lyon/Institut Lumière, 1987.
Pasolini, portrait du poète en cinéaste, Paris, Editions Cahiers du cinéma/Gallimard, 1995.
- JOUBERT-LAURENCIN Hervé, Georges GOTTLIEB, *Pier Paolo Pasolini, 1922-1975*, Ed. Bibliothèque d'Argenteuil, 1995 (introduction à l'œuvre cinématographique et littéraire de Pasolini : dans une première partie, le portrait du poète en cinéaste est dressé avec notamment un parallèle avec *Œdipe roi*, et dans une seconde partie, est dressée une chronologie de sa vie, de son œuvre littéraire et cinématographique).
- LACOUE-LABARTHE Philippe, *Pasolini, une improvisation : d'une sainteté*, Ed. William Blake, 1995, coll. La Pharmacie de Platon », 1995.
- NOGUEZ Dominique et J-P. AMIETTE, « Pier Paolo Pasolini » in *Cinéastes 2*, Casterman, 1972, coll. « Dossiers du cinéma ».

- *Pier Paolo Pasolini, Alberto Moravia, Théâtres au cinéma*, vol.11, publié à l'occasion du 11ème festival du Magic Cinéma, du 15 au 31 mars 2000 à Bobigny, éd. sous la dir. Dominique Bax, préf. Robert Clément, Raymond Chapin, Ed.Magic Cinéma, 2000, coll. « Magic cinéma, 11 ».
- *Pasolini I, Le mythe et le sacré*, Collectif, sous la direction de Michel Estève, Paris, Lettres modernes Minard, coll.« Etudes cinématographiques », 109-111, 1976.
- *Pasolini II, Un « cinéma de poésie »*, Paris, Lettres modernes Minard, coll. « Etudes cinématographiques », 112-114, 1977.
- *Pasolini cinéaste*, Collectif, sous la direction d'Alain Bergala, n°Hors-série des *Cahiers du cinéma*, Paris, 1981.
- *Pasolini, Revue d'esthétique*, Hors-série, édition revue et augmentée du n°3, 1982, Paris, Ed. Jean-Michel Place, 1992.
- *Pier Paolo Pasolini, Images documentaires*, vol.41-42, présenté par Catherine Blangonnet, Ed. Images documentaires, 2001 (autour des essais documentaires de Pasolini comme *La Rabbia* (1963), *Comizi d'amore* (1964) et *Pasolini l'enragé* de J-A.Fieschi. Textes réunis suite à la présentation des films documentaires du cinéaste à Lussas en août 2001.
- PREDAL René, *Pier Paolo Pasolini*, Paris, *Avant-scène du cinéma*, 1976, coll. « Anthologie du cinéma », n°91.
- SICILIANO Enzo, *Pasolini, une vie*, La Différence, 1984, coll. « Essais », traduit par Jacques Joly et Emmanuelle Genevois (l'auteur rend compte de l'itinéraire de Pasolini, qui, dans sa vie et son travail fit corps avec le soulèvement artistique, politique, religieux et sexuel de la société contemporaine).
- SPILA Piero, *Pier Paolo Pasolini*, Gremese, 2001, coll. « Grands cinéastes de notre temps ».
- VANCHERI Luc, *Film, forme, théorie*, L'Harmattan, 2002, coll. « Champs visuels » (l'auteur détermine le cinéma comme un modèle phénoménologique qui donne à voir des accidents formels et des expériences visuelles. Il s'appuie sur *Cat people* de Jacques Tourneur et *L'Evangile selon Saint Matthieu* de Pasolini).
- ZIGAINA Giuseppe, *Pasolini et la mort*, Paris, Ramsay, 1990, 2ème éd.

*Principales études critiques d'*Œdipe roi

- AMENGUAL Barthélemy, « Œdipe roi : quand le mythe console de l'Histoire » in *Pasolini I, Le mythe et le sacré*, Lettres modernes Minard, coll. « Etudes cinématographiques », 109-111.
- ARISTARCO Guido, « Jung et De Seta, Freud et Pasolini », *Cinéma 69*, n°135, avril 1969.
- BEYLIE Claude, « Œdipe roi et *Théorème* », *Cinéma 69*, n°136, mai 1969.
- CHEVALLIER Jacques, « Œdipe roi », *La Revue du cinéma-Image et son*, n°224, janvier 1969.
- ESTEVE Michel, « Transposition d'un mythe : Œdipe roi », *Esprit*, n°12, décembre 1968.
- JOUBERT-LAURENCIN Hervé,
« Oedipe roi : Trois-Deux-Un », *Pasolini, portrait du poète en cinéaste*, Paris, éditions Cahiers-du cinéma/Gallimard, 1995.
« Pasolini-Freud ou les chevilles qui enflent », *CinémAction* n°50, « Cinéma et psychanalyse », sous la direction d'Alain Dhote, 1989.
- NOGUEZ Dominique,
« L'Œdipe de Pasolini » in *Ca cinéma* n°2 (1ère année), octobre 1973
« Pasolini-Roi. Essai de célébration en forme d'énigme » in *Nouvelle revue française*, n°196, avril 1969.
- PASOLINI Pier Paolo, Œdipe roi, *L'Avant-scène cinéma*, n°97, nov.1969.
- TOURNES Andrée, « Œdipe roi », *Jeune cinéma*, n°34, nov.1968.
- « Œdipe roi », *Cahiers du cinéma*, n°195, nov.1967.

Ouvrages complémentaires

- PASOLINI Pier Paolo,
Avec les armes de la poésie, Associazione « Fondo Pier Paolo Pasolini », Milan, Garzanti, 1984, diffusé par la Maison des

Cultures du monde. Anthologie poétique bilingue et montage de textes autobiographiques divers en traduction française.
Actes impurs, suivi de *Amado moi*, Paris, Gallimard, 1984, deux romans publiés posthumes, traduits par René de Ceccatty.
Les Anges distraits, Actes Sud, 1995, récits courts, ébauches de romans, traduits par Marguerite Pozzoli.
Descriptions de descriptions, trad. de l'italien par René de Ceccatty, Marseille, Rivages, 1984, traduction française partielle de *Descrizioni di descrizioni*, Einaudi, 1979, critiques littéraires des années 1972-1975 recueillies en volume, par René de Ceccatty.
Dialogues en public, trad. de l'italien par François Dupuigrenet-Desrousilles, Paris, Editions du Sorbier, 1980.
La Divine mimèsis, trad. de l'italien par Danièle Sallenave, Paris, Flammarion, 1980. Poème en prose, inachevé mais publié du vivant de Pasolini, pastichant la *Divine Comédie* de Dante.
Ecrits corsaires, trad. de l'italien par Philippe Guilhon, Paris, Flammarion, 1976.
Ecrits sur la peinture, présenté et traduit par Hervé Joubert-Laurencin, Caré, 1997.
Médée, traduit et présenté par Christophe Mileschi, Arléa, 2002, coll. « L'Etrangère » (Cahier de notes du réalisateur du film, les dialogues et les poèmes écrits lors du tournage).
La Nouvelle jeunesse, Maurice Nadeau/les Lettres Nouvelles, 1979, traduit et présenté par Philippe Di Meo.
L'Odeur de l'Inde, traduit par René de Ceccatty, Paris, Denoël, 1984, rééd.1995, rééd, Paris, Gallimard, 2001, coll. « Folio », traduit par René de Ceccatty.
Pétrole, Paris, Gallimard, 1995, roman expérimental et inachevé, traduit par René de Ceccatty.
Poèmes de jeunesse et quelques autres, textes choisis et préfacés par Dominique Fernandez, traduits par Nathalie Castagné et Dominique Fernandez, Paris, Gallimard, 1995. Edition bilingue avec l'original frioulan.
Poésies 1943-1970, traduit par Nathalie Castagné, René de Ceccatty, José Guidi, Jean-Charles Vegliante, Paris, Gallimard, 1990. Anthologie tirée de cinq recueils.
Poésies 1953-1964, trad. de l'italien et présenté par José Guidi, Paris, Gallimard, 1973. Edition bilingue anthologique de poche.

Promenades romaines, Le Livre de Poche, 1989, récits courts des années 50, choisis et traduits par Jean-Michel Gardair.
Qui je suis ?, trad. de l'italien par Jean-Pierre Mileli, Arléa, 2002. Edition en volume d'un poème autobiographique écrit en 1966-67, mais non publié du vivant de Pasolini, dont le titre original est « Who is me ? Poeta delle ceneri » - « Poète des cendres », une première traduction se trouve à l'intérieur de *Avec les armes de la poésie...*, p.48 à 67.
Les ragazzi, Buchet-Chastel, 1961, rééd.UGE, 1982, roman traduit par Claude Henry.
Le Rêve d'une chose, trad. de l'italien par Angélique Lévi, Paris, Gallimard, 1988, coll. « L'imaginaire », rééd. de l'édition de 1965. Roman.
Une vie violente, Buchet-Chastel, 1961, rééd. UGE, 1982, roman traduit par Michel Breitman.
L'œuvre théâtrale de Pasolini est traduite en français, aux éditions Actes Sud, coll. « Papiers ».
Orgie, traduit par Danièle Sallenave, 1988.
Affabulazione, traduit par Michèle Fabien et Titina Maselli, 1988.
Porcherie, traduit par Alberte Spinette, 1989.
Calderon, traduit par Michèle Fabien, 1990.
Bête de style, traduit par Alberte Spinette, 1990.
Pylade, traduit par Michèle Fabien et Titina Maselli, 1990.

INDEX DES NOMS CITES

Agamben Giorgio :
68-69, 74-75, 81, 93, 120, 148
Amengual Barthélemy :
40, 71, 121-122, 126, 154, 181
Antonioni Michelangelo :
54, 72
Aristote : 103, 105, 135
Artaud Antonin : 117
Bakhtine Mikhaïl :
128-129, 134
Barthes Roland : 140, 167
Bartoli Luciano : 131, 138
Bataille Georges : 99
Baudelaire Charles : 148
Bazin André : 35, 50
Beck Julian :
38, 142
Bergala Alain : 74
Bergman Ingmar : 73
Benjamin Walter :
120, 149-150
Biette Jean-Claude :
17, 36, 138
Blanchot Maurice : 114, 144, 172
Blanqui Louis Auguste : 107
Bousquet Joë : 77
Brecht Bertolt : 38, 166
Bresson Robert : 91-92
Carasco Raymonde :
51, 76, 80, 132-133
Chaplin Charlie : 73
Chion Michel : 91, 143
Citti Franco : 43, 77, 78, 97, 138
Cocteau Jean : 95, 155, 163
Comolli Jean-Louis : 72

Cooper David : 53
Dante : 52, 135
Davoli Giandomenico :
31, 139
Davoli Ninetto :
43, 61, 86, 113, 138, 158, 178, 179
Deleuze Gilles :
20, 23, 32, 41, 45, 52, 53, 56, 66-67, 77, 85, 87, 89, 91-96, 104, 105, 106, 112, 113, 130, 134, 141
Donati Danilo : 125
Dreyer Carl-Theodor :
49, 84
Duflot Jean : 120, 127, 136, 142, 182
Eisenstein Sergueï :
140, 167
Euripide : 24
Eschyle : 24
Falconetti Renée : 76
Fieschi Jacques : 133, 151
Foucault Michel :
130, 144
Freud Sigmund :
38, 60-61, 99, 102, 117, 153, 159, 179
Gance Abel : 76
Gervais Ginette : 179
Gervais Marc : 16
Godard Jean-Luc :
35, 44, 76, 95
Griffith David : 76
Guattari Félix :
53, 66, 77, 96
Heidegger Martin : 105
Héraclite : 32, 130

Hölderlin Friedrich :
29, 31, 35, 102, 104,
106, 160, 164, 170
Homère : 115
Huppert Isabelle : 76
Joubert-Laurencin Hervé :
28, 29, 31, 33, 34, 40, 42-43,
50-51, 60, 74, 104, 120, 139,
142, 147-148, 151, 157, 162
Anna Karina : 76
Kristeva Julia : 129
Lacan Jacques : 156
Lacoue-Labarthe Philippe :
154, 162, 165
Leonetti Francesco : 31, 139
Lyotard Jean-François : 35
Magny Joël : 161
Mangano Silvana : 30, 77, 125,
127, 131, 138, 156
Marx Karl : 147-148, 182
Mizoguchi Kenji : 73
Moravia Alberto : 17
Mourlet Michel : 35
Narboni Jean : 84
Nietzsche Friedrich : 32,
102, 106, 130, 165
Noguez Dominique : 24,
42, 44, 99, 137
Ollier Claude : 55
Perrault Pierre : 94
Pierre Sylvie : 84
Pignon Ernest Ernest : 162
Platon : 19-22, 35, 41, 46, 49,
129, 141, 145, 160
Rancière Jacques : 24
Resnais Alain : 89
Rivette Jacques : 84
Robbe-Grillet Alain : 89
Ropars-Wuilleumier Marie-Claire :
144

Rossellini Roberto : 50
Rosset Clément : 86
Rouch Jean : 45, 93 - 94
Safouan Moustafa : 156
Sophocle : 25, 27, 29,
34-40, 60, 83, 86,
103, 136, 153-155, 158,
160, 165, 167, 172, 182
Spila Piero : 126
Straub Jean-Marie : 89
Ozu Yasujiro : 89

L'HARMATTAN, ITALIA
Via Degli Artisti 15; 10124 Torino

L'HARMATTAN HONGRIE
Könyvesbolt ; Kossuth L. u. 14-16
1053 Budapest

ESPACE L'HARMATTAN KINSHASA
Faculté des Sciences sociales,
politiques et administratives
BP243, KIN XI
Université de Kinshasa

L'HARMATTAN CONGO
67, av. E. P. Lumumba
Bât. – Congo Pharmacie (Bib. Nat.)
BP2874 Brazzaville
harmattan.congo@yahoo.fr

L'HARMATTAN GUINÉE
Almamya Rue KA 028, en face du restaurant Le Cèdre
OKB agency BP 3470 Conakry
(00224) 60 20 85 08
harmattanguinee@yahoo.fr

L'HARMATTAN CAMEROUN
BP 11486
Face à la SNI, immeuble Don Bosco
Yaoundé
(00237) 99 76 61 66
harmattancam@yahoo.fr

L'HARMATTAN CÔTE D'IVOIRE
Résidence Karl / cité des arts
Abidjan-Cocody 03 BP 1588 Abidjan 03
(00225) 05 77 87 31
etien_nda@yahoo.fr

L'HARMATTAN MAURITANIE
Espace El Kettab du livre francophone
N° 472 avenue du Palais des Congrès
BP 316 Nouakchott
(00222) 63 25 980

L'HARMATTAN SÉNÉGAL
« Villa Rose », rue de Diourbel X G, Point E
BP 45034 Dakar FANN
(00221) 33 825 98 58 / 77 242 25 08
senharmattan@gmail.com

L'HARMATTAN TOGO
1771, Bd du 13 janvier
BP 414 Lomé
Tél : 00 228 2201792
gerry@taama.net

653743 - Mai 2016
Achevé d'imprimer par